पापा की पोटली से

किस्से, कविताएँ और स्मृतियाँ

रचनाकार

श्री राजेन्द्र शर्मा

संकलन एवं संपादन

भारती शर्मा

प्रथम संस्करण : 2026

रचनाकार : श्री राजेन्द्र शर्मा

संकलन एवं संपादन : भारती शर्मा

मुखपृष्ठ छायाचित्र : भारती शर्मा

प्रकाशक: Notion Press Media Pvt. Ltd.

संपर्क : authorrajendersharma6@gmail.com

समर्पण

आदरणीय श्री राजेन्द्र शर्मा जी को
उनकी सेवानिवृत्ति के शुभ अवसर पर
ईश्वर की कृपा, उत्तम स्वास्थ्य,
सुख और समृद्धि की मंगलकामनाओं सहित
परिवार, मित्रों एवं शुभेच्छुओं की ओर से
सप्रेम एवं सादर समर्पित

भूमिका

जो व्यक्ति अपने निजी अनुभवों के साथ-साथ अपने परिवेश में घटित होने वाली घटनाओं और परिस्थितियों के प्रति सजग रहता है तथा समस्त जीव-जगत के सुख-दुःख को संवेदनशील हृदय से अनुभव करता है, वही अपने अंतर्मन में निहित साहित्यकार को अभिव्यक्ति प्रदान कर पाता है। ऐसा रचनाकार अपनी अनुभूतियों, विचारों और भावनाओं को शब्दों का स्वरूप देकर समाज के समक्ष प्रस्तुत करता है तथा अपने साहित्य के माध्यम से जनमानस को दिशा, दृष्टि और प्रेरणा प्रदान करता है।

महान कथाकार मुंशी प्रेमचंद ने कहा था— "विपत्ति से बढ़कर अनुभव सिखाने वाला विद्यालय न तो आज तक खुला है और न कभी खुलेगा।" वस्तुतः जीवन के विविध अनुभव, संघर्ष, सफलताएँ और असफलताएँ ही साहित्यकार की संवेदना को परिपक्व बनाते हैं। वह इन अनुभवों को अपने अंतर्मन में संजोकर साहित्य का सृजन करता है और उन्हें लेखन, संगीत, चित्रकला, नृत्य अथवा अन्य कलात्मक माध्यमों के द्वारा अभिव्यक्त करता है।

किन्तु प्रश्न यह है कि क्या यह सृजन उन लोगों तक पहुँच पाता है जिनके जीवन, संघर्ष और अनुभव उसकी रचनाओं का आधार होते हैं? आज भी सामान्य जन के लिए स्वस्थ, सार्थक और जीवनोपयोगी साहित्य का सृजन तथा उसका व्यापक प्रसार एक चुनौती बना हुआ है। वह साहित्यिक युग, जिसे मुंशी प्रेमचंद, आचार्य हजारीप्रसाद द्विवेदी, आचार्य रामचन्द्र शुक्ल, राष्ट्रकवि मैथिलीशरण गुप्त, वृन्दावनलाल वर्मा तथा अन्य युगदृष्टा साहित्यकारों ने अपनी साधना से निर्मित किया था, आज कहीं न कहीं हमारी दृष्टि से ओझल होता प्रतीत होता है।

ऐसे समय में श्री राजेंद्र शर्मा जी की रचनाएँ ताज़ी हवा के झोंके की भाँति मन को प्रफुल्लित करती हैं। उनकी कृतियाँ केवल मनोरंजन का साधन नहीं हैं, बल्कि जीवन को उद्देश्यपूर्ण ढंग से जीने की प्रेरणा भी प्रदान करती हैं। उनके लेख और कविताएँ किसी काल्पनिक संसार की उपज नहीं, बल्कि हमारे आसपास के जीवन, समाज और अनुभवों से उपजी हुई अभिव्यक्तियाँ हैं। साथ ही, वे हिन्दी सिनेमा के श्रेष्ठ उदाहरणों और जीवन के सहज प्रसंगों को इस प्रकार प्रस्तुत करते हैं कि पाठक स्वयं को उनसे सहज रूप से जुड़ा हुआ अनुभव करता है। वस्तुतः यही एक जन-साहित्यकार की पहचान है कि उसके लेखन में पाठक अपने जीवन का प्रतिबिंब देख सके और उससे आत्मीय संबंध स्थापित कर सके।

संभवतः ये अमूल्य रचनाएँ व्यापक जनमानस तक न पहुँच पातीं, यदि श्री राजेंद्र शर्मा जी की सुपुत्री सुश्री भारती शर्मा ने इन बिखरे हुए साहित्यिक मोतियों को स्नेहपूर्वक संकलित कर "पापा जी की पोटली से..." के रूप में प्रकाशित करने का सराहनीय कार्य न किया होता। यह केवल एक पुस्तक का प्रकाशन नहीं, बल्कि साहित्यिक धरोहर के संरक्षण और जनकल्याण की दिशा में एक महत्त्वपूर्ण योगदान है। इसके लिए सुश्री भारती शर्मा साधुवाद और हार्दिक अभिनंदन की पात्र हैं।

हमें पूर्ण विश्वास है कि यह साहित्य-संग्रह पाठकों को न केवल रुचिकर एवं प्रेरणादायी लगेगा, बल्कि उनके चिंतन को समृद्ध करते हुए जीवन-पथ पर मार्गदर्शन भी प्रदान करेगा।

(सन्तुलन चौबे)

इस पोटली के बारे में

यह पुस्तक पापा के लिए एक छोटे से सरप्राइज़ उपहार की तरह है। उन्हें शायद अभी तक यह आभास भी नहीं है कि वर्षों से लिखे गए उनके शब्द, कविताएँ, विचार और जीवन के छोटे छोटे ठहराव इस रूप में एक साथ सहेजे जा रहे हैं।

बचपन से मैंने उन्हें जीवन को बहुत ध्यान से देखते हुए पाया है। जैसे हर छोटी सी घटना, हर पेड़, हर धुन और हर अनुभव उनके भीतर कहीं ठहर जाता हो। उन्होंने हमेशा हमें पढ़ाई के साथ कला, संगीत, साहित्य और संवेदनशीलता को भी उतनी ही गंभीरता से जीना सिखाया। शायद इसी कारण उनके शब्द केवल पढ़े नहीं जाते, बल्कि महसूस भी किए जाते हैं।

पापा हमेशा अपने आसपास के लोगों में खुशी बाँटने का प्रयास करते रहे हैं। कोविड के कठिन समय में उन्होंने 'कोशिश' नाम से एक छोटा सा व्हाट्सऐप समूह बनाया, जहाँ बुज़ुर्ग, बच्चे और कला, संगीत व साहित्य को पसंद करने वाले लोग आज भी जुड़े हुए हैं। वहाँ कविताओं, गीतों और विचारों के माध्यम से लोगों का मनोबल बनाए रखने की एक सच्ची कोशिश लगातार चलती रही। इस पुस्तक की कई रचनाएँ उसी यात्रा से होकर आई हैं।

यह संकलन उनके विशाल रचनात्मक संसार की केवल एक आत्मीय झलक है। उनकी अनेक प्रिय रचनाएँ अब भी पुरानी डायरीयों, कागज़ों और स्मृतियों में सुरक्षित हैं, शायद किसी और समय, किसी और पुस्तक में सामने आने की प्रतीक्षा में। पापा की रचनाएँ आपको उनके अलग-अलग आयामों से रूबरू करवाएँगी। एक आम इंसान की कहानी, एक साधारण जीवन के अनुभव, रिश्तों की गर्माहट, संगीत, प्रकृति और जीवन

को देखने का एक शांत दृष्टिकोण। शायद कहीं न कहीं आपको भी इन शब्दों में अपने जीवन, अपनी यादों और अपने किसी हिस्से की झलक दिखाई दे।

इस पुस्तक के पीछे कई अनकहे सहयोग भी जुड़े हैं। मैं अपनी माँ श्रीमती हरमुखी देवी की हृदय से आभारी हूँ, जिन्होंने इस सरप्राइज़ को साकार करने में मेरा हर कदम पर साथ दिया और रचनाओं, चित्रों तथा स्मृतियों को चुपचाप सहेजने में अमूल्य सहयोग किया।

श्री संतुलन चौबे का विशेष आभार, जिन्होंने इतने कम समय में न केवल इस पुस्तक की परिकल्पना को दिशा दी, बल्कि अपने मार्गदर्शन, अनुभव और अथक सहयोग से इस सपने को साकार करने में महत्वपूर्ण भूमिका निभाई।

शायद यह पोटली अभी पूरी तरह खुली नहीं है। कुछ शब्द अभी बाकी हैं।

धन्यवाद

भारती शर्मा

(संकलन एवं संपादन)

अनुक्रमणिका

जिंदगी एक नाटक है

जिंदगी एक नाटक है और हम सब कठपुतली से कलाकार...हम भूल जाते हैं एक दिन पर्दा गिरना है और लिपट के चले जाना है जैसे रोज़ हजारों जाते हैं। यह माया ही है कि हम सब कुछ जानते हुए भी,अपने को भविष्य में इतना भुला देते है कि वर्तमान का आनंद लेना भूल जाते है। हंसी ख़ुशी हर काम करना है उमंग से, फिर देखिए रोज़ नया सूरज है भैया

फूलों सा जीवन

छत पर खिले फूल
आज फिर बोल उठे
कांटों से बिंधे या सुई से
शिकायत कभी की नहीं
वक्त ए रुखसत पर भी
खुश्बू बन बिखर गए

लचक

जीभ की तरह लचीले हो जाएं, अनुभव के लिए ठोकरें शिक्षक हैं।

अगर गलती रुलाती है
तो राहें भी दिखाती है
मनुज गलती का पुतला है
कि गलती हो ही जाती है
जो कर ले ठीक गलती को
उसे इंसान कहते है

अल्प में आनंद

सामान जितना कम रहेगा
सफर उतना हसीन रहेगा
रोज़ देखता हूँ लोगो को जाते
फिर भी अजब गहरे बनाए नाते
जिस जहाज से पंछी उड़ा है
उस जहाज पर ही जा बैठेगा
चार दिन की है यह दुनिया
तेरा मेरा क्या था जो बंटेगा
उस मालिक का तोता हूँ मैं भी
मन तो बस राम राम ही रटेगा!

माँ, बता तू कभी क्यूँ पुरानी नहीं होती

मैं बच्चे से आज कितना बड़ा हो गया
मुझे रोज़ रोज़ सींच सयाना कर दिया
तेरी आंचल की छांव कभी फ़ानी नहीं होती
माँ , बता ना, तू कभी क्यूँ पुरानी नहीं होती

तेरी डपट और मार में भी खूब एक मज़ा था
उस आग में तप कर ही तो मैं सोना बना था
तुझ जैसे प्यार की छाया कही दिखाई नहीं देती
माँ , बता ना, तू कभी क्यूँ पुरानी नहीं होती

दो रोटियों के बीच रखी आम की अमराई
बरसों हुए माँ , अब फिर कभी मैंने नहीं खाई
तू छुपा कर दूध पिला झट मुख साफ कर देती
माँ , बता न, तू कभी क्यूँ पुरानी नहीं होती

मेरी पढ़ाई के पीछे मजबूत कड़ी थी मेरी अनपढ़ माँ
जमाने की हर गर्मी को रोके खड़ी थी मेरी प्यारी माँ
तुझ सी कोई दूजी संसार में अब दिखाई नहीं देती
माँ , बता ना, तू कभी क्यूँ पुरानी नहीं होती

आज तू साथ नहीं, पर सांस तेरी ही है
जीवन दायिनी की कृपा कभी कम नहीं होती
तू न होकर भी कही मेरे आस पास ही फिरती
माँ , बता ना, तू कभी क्यूँ पुरानी नहीं होती

पुरानी अंगीठी

जब हम अंगीठी सजाते थे। रोज़ चिकनी मिट्टी से साफ कर पुताई करना, कच्चे कोयले, लकड़ी की मुढढी

और कोयले से आंच का पजारना और फिर देर तक अंगीठी का जलना। नीचे गिरी राख में आलू और शकरकंद का भूनना। जली राख से बर्तन का मंजन....वाह आनंद आ गया अगींठी के बंद होने से पहले सब लोगों का साथ बैठ खाना खाना, और फिर सुबह जली राख में मिट्टी मिलाकर दुबारा लड्डू बना, छत पर सूखना, राशन की दुकान से कोयले का लाना और शाम चार बजे से फिर तैयारी करवाना, कितना सुकून था भैया

अनासक्ति

Detachment का अर्थ है निर्लिप्तता या अनासक्ति

इसका यह बिल्कुल भी यह मतलब नहीं है कि संन्यास या विलगता। इसका संपूर्ण अर्थ है कि रहते हुए भी नहीं रहना।

इसका सबसे अच्छा उदाहरण है कि जब माताएं सब्जी बनाती है तो आग पर कढ़ाई रखती है फिर उसमें तेल या घी डालती है उसके बाद मसालदानी से विभिन्न मसालें डालती है पहले हींग, फिर जीरा/अजवायन/मेथी दाना/राई या सरसों ! उसके बाद उसके स्वर्णमयी होने पर अदरक के आनुपातिक टुकड़े, फिर हरी मिर्च, टमाटर आदि।

उसके थोड़ी देर बाद सब्ज़ी और फिर कुछ समय के बाद हल्दी, धनिया, नमक, गर्म मसाला, आमचूर आदि आदि और फिर पानी। सबका एक समय है पकने का और फिर ढकने के बाद धैर्यता से उसका इंतजार। एक समय के बाद मसाले, घी और सब्ज़ी डिटैच होना शुरू होती है और परस्पर विरोधी मसाले मिलकर एक नया पकवान बना देते है, इसमें सब है मगर दिखता कुछ नहीं, एक अलग स्वाद, एक अलग मस्ती।

जिंदगी भी वही है सब कुछ हर समय प्राप्त नहीं।
इसलिए साहिर ने लिखा है
जो मिल गया, उसी को मुकद्दर समझ लिया,
जो खो गया मैं उसको भुलाता चला गया
मैं जिंदगी का साथ निभाता चला गया

चराग़

उसका ख़ुद के घर पर , उजालों की मुफ़लिसी थी
मगर वो जिंदगी भर चाँद तारों से रोशनी लेता रहा
गरीब शायर था, क्या औक़ात थी उसमें में बांटने की
जाते जाते ख़ुद बंट गया और दिलों में रौशन हों गया।

राधे की दुकान

राधे, हां यही तो नाम था उस बूढ़े बाबा का, जिसकी एक पुरानी दुकान हमारे प्राइमरी स्कूल से सिर्फ़ 50 ग़ज़ दूर थी। जैसे घर पर हमारी मां थी उसी तरह से हमारी सभी जरूरतों का निपटान सिर्फ उन्हीं की दुकान से होता था। भूख लगी तो 5 पैसे का टोस्ट पानी, और 10 पैसे के टोस्ट छोले। पहला कायदा जिसमें अ से अनार सीखा, वही से खरीदा। स्लेटी हो, मुल्तानी मिट्टी हो, चार्ट पेपर हो, या फूलों की पिक्चर।

काली स्याही की गोल बिंदिया हो या कलम, दवात होल्डर। सजाने के लिए चमकीली हो, या सजावट के लिए झालर। उनका स्वभाव इतना नम्र था कि कभी ऊंची आवाज में नहीं बोला। भीड़ लगी होती थी हमेशा, लेकिन सब बच्चे इंतजार करते थे। दुकानें और भी थी मगर सब बच्चे राधे बाबा के पास ही जाते थे। एक 10X10 की दुकान में बच्चों का संसार संजोया था बाबा ने। कुछ समय के बाद बाबा की तबीयत ठीक नहीं रहने लगी, उनका बेटा आने लगा। मगर सम्भाल नहीं पाया। एक दिन बाबा ने इस दुनिया को अलविदा कह दिया और कुछ दिन बाद दुकान भी बंद हो गई, शायद किसी कागज़ के व्यापारी ने खरीद ली थी।

न जाने ऐसे कितने राधे बाबा हमारी जिंदगी में अपनी मिठास घोल चले गए। आज हरियाली तीज़ पर याद आया कि जन्माष्टमी के खिलौने से लेकर, झूला पटरी तक, सब मिलता था वहां... कहां भूल पाएंगे ऐसे अबूझे निर्माताओं को..

संगीत

संगीत एकाग्र करता है
संगीत हमकों हमारे प्रति उन्मुख करता है
संगीत प्रकृति में उपस्थित ध्वनियों को सुनने को आतुर करता है
संगीत हमको सुनने की आदत डालता है
संगीत हमें झुकना सिखाता है
संगीत से श्रवण शक्ति तेज होती है
संगीत गायन से फेफडों की उत्तम एक्सरसाइज होती है
संगीत दूसरों के अच्छे काम की प्रशंसा हेतु हमें तैयार करता है
संगीत अधोमुखी और उर्द्वमुखी दोनो विकास को तत्पर करता है
संगीत के सात सुर सातों महाद्वीप को जोड़तें है
संगीत आपके सुख और दुख दोनो में सबसे प्यारा साथी है
संगीत अकेलेपन में सबसे अच्छा दोस्त है।
संगीत डिप्रेशन को दूर करने में अचूक बाण है
संगीत की कोई उम्र नहीं।
संगीत सीखने की कोई उम्र नहीं।
संगीत ईश्वर की भाषा है और उससे एकात्म में सहायक है।

इसलिए अपने चौबीस घंटों में से कुछ समय इस को जरूर दीजिए, गाइए, बजाइए, लिखिए, सुनिए, सुनाइए... सकारात्मक असर होगा।

दिल्ली

41 X 39 km में बसी, आबाद ये दिल्ली,
भारत के मानचित्र में एक नन्ही सी बिंदी
न मेरी न तेरी हम सब की प्यारी दिल्ली
देश की रजधानी, दिलवालों की हंसती बस्ती ,दिल्ली

इसे आंखों से ज्यादा दिल से महसूस करना
सदियों की दास्तां है पिघलने में वक्त लगता है
लालकिले का लाल पत्थर, सीस गंज से कहता है
असंख्य शहादत के बल पर,प्यारा तिरंगा फहरता है
भारत माता की जय, वन्देमातरम!
(लाल किला विस्फोट के उपरांत)

जानवर कहीं का

1971 में हाथियों पर एक फिल्म बनी थी ' हाथी मेरे साथी '
सुपर स्टार राजेश खन्ना साहिब ने शानदार अभिनय किया, किशोर दा ने लता जी के साथ फिल्म के लगभग सभी गाने गाए जिन्हें आनंद बख्शी साहिब ने लिखा था।

मगर एक गाने का दो दिन तक रियाज़ करने पर भी उनके सुर ठीक नहीं लग रहे थे। डायरेक्टर को बोला, रफ़ी साहिब से इसे गवाएं। रफ़ी साहिब विदेश में थे फिल्म में देरी हो रही थी। तब किशोर साहिब ने उनको फोन किया और गाने की प्रार्थना की।

रफ़ी साहिब सुबह की फ्लाइट से आए, चुपचाप गाना गाकर, शाम को वापस विदेश चले गए गाना था *"नफरत की दुनियां को छोड़कर प्यार की दुनिया में"*...ये गाना आज भी 55 साल बाद आंखों में आंसू का देता है।
आज अखबार में फिर पढ़ा कि आसाम में राजधानी से टकराकर 7 हाथियों की मृत्यु हो गई, और एक बच्चा घायल है। कल यह अखबार लिपटकर रद्दी बन जाएगा, खबर लुप्त हो जाएगी। शायद सारी गलती जानवर की ही होगी।

सिनेमा समाज की झलक है

' दो बीघा जमीन ' बनती है' तो तारे जमीं पर ' अपना संदेश दे जाती है। समय बहुत तेजी के साथ बदला है। रेडियो के लिए भी लाइसेंस लेना पड़ता था। आधी जिंदगी एरियल को ठीक करने में निकल गई। शुरुआती दौर में मेले में बाई स्कोप वाला आता था। हाथ से रिकॉर्ड घुमाता था और पांच कटोरी वाले छेद के अंदर फोटो घुमाकर पिक्चर दिखाता था 10 पैसे में।

आज एक बटन पर सब उपलब्ध है मगर शायद वो जिजीविषा नहीं जब सब कुछ याद करने की होड़ लगती थी। जिंदगी वास्तव में सिनेमा ही है, जिसे ' मेरा नाम जोकर' में राज कपूर साहिब ने बेहतरीन ढंग से फिल्माया है।

कही पढ़ा था कि डायरेक्टर भी उसी एक्टर को कठिन रोल देता है, जो बेहतरीन होता है, और हम सब इस रंगमंच की कठपुतली है इसलिए कठिन वक्त आए तो उस डायरेक्टर(परमात्मा) को याद करना है क्योंकि पर्दा गिरने पर सबको दो ग़ज़ नाप ही नसीब होता है
इसलिए हंसते गाते अपना अपना किरदार निभाना है,
पिक्चर अभी बाकी है दोस्त....

आत्मा

अपना साया तभी दिखता है जब धूप पड़ती है।सिर्फ निगाह चाहिए..कड़कती धूप में बच्चा परेशान हो जाता है तब वही स्वेद (पसीना) बन, प्रकट हो जाता है। चिलचिलाती गर्मी में पलकों के पर्दे को भी बार-बार झलता है कही आंखें चौंधिया ना जाएं। आश्चर्य की बात कि आत्मा निर्लिप्त है मगर फिर भी शरीर की एक छोटी से छोटी आवश्यकता का ध्यान रखती है, गहन निंद्रा में जब सोते समय कोई छोटा मच्छर काट रहा होता है तो तुरंत हाथ को आदेश देती है और हाथ बिना देखे शरीर के उसी भाग में वार करता है जहां पीड़ा हो रही है, और मच्छर मर/भाग जाता है। प्रश्न यह है कि अशरीरी (आत्मा)होने पर भी शरीरी(शरीर)की हर पल हमारी रक्षा करती है, यहां आत्मा का अर्थ ईश्वर का वो परम अंश है जो शाश्वत है। जब वह अंश नहीं रहता तो सम्पूर्ण शरीर जलने पर भी मृतक की आह नहीं नहीं निकलती। कितनी साधारण बात, मगर कितनी विशेष... "*मोको कहां ढूंढे रे बन्दे मैं तो तेरे पास में*"

ट्रिन ट्रिन

दरवाज़े की घंटी बजी..ट्रिन ट्रिन, देखा तो डिलीवरी वाला आया था खाना लेकर। रात ग्यारह बजे थे, भागता हुआ आया था, दौड़ता हुआ चला गया, चेहरा बता रहा था सबको खिलाने वाले को, अभी खाना नसीब नहीं हुआ।

10 मिनट में डिलीवरी... उनकी इस तेजी का कारण

उनको पार्सल की कतार में दुबारा लगना है और फिर दौड़ना है किसी का पेट भरने। शायद गांव से शहर में तरक्की के सपने देख कर आए थे। मोटर साइकिल की किश्त भी भरनी है गांव भी पैसे भेजने है और अपना गुजारा भी करना है। ट्रैफिक नियमों का भी कई बार पालन करना भूल जाते है इस अप्रत्यक्ष मजबूरी के कारण।

कोल्हू के बैल के चक्कर की तरह रेस्टोरेंट से ग्राहकों तक बदहवास दौड़ते यह भी किसी के बच्चे है। हर दरवाज़े पर सिर्फ़ एक मुस्कुराहट की दरकार होती है उस इंजन को ईंधन देने के लिए। अगली बार जब हमारे दरवाजे की घंटी बजे तो पार्सल लेने के साथ, एक बार हंस के पानी की जरूर पूछिएगा। दोनों आत्मा के फूल खिल उठेंगे, और नीली छतरी वाला भी मुस्कुरा उठेगा

अमरता

जुबिन और लता

क्या है समानता

संगीत का नाता

हर दिल झकझोरता

जब कोई दिल से गाता है
तब दूर कोई दिल सुनता है
बोल कोई, मगर किस्सा अपना
कितना अजीब ताना बाना है

चन्द वर्णोंऔर सप्त सुरों में पिरोए
जब भाव कही बुने जाते है
सागरो को पार करने वाले
महज चंद बूंदों में डूब जाते है

लाखों की भीड़ किसी के बुलाने पर नहीं आती
हर एक दिल में लगी आग ही मशाल को जलाती
नन्ही सी तीली की आग को कोई कम ना समझे
सच्चे हृदय की आग ही ज्वालामुखी बन दहलती

आज लता दीदी का जन्मदिन है, जी हां, 28 सितंबर 1929 को जन्मी थी, दीदी। जिस दिन उनका स्वर्गवास हुआ, मैं मुंबई में ही था, अचानक न्यूज चली, और हारमोनियम के स्वर खुद बखुद निकल पड़े। पूरा देश स्तब्ध था। शिवाजी पार्क, मुंबई में रात संस्कार हुआ, खुशनसीब हूं, जा पाया और अंतिम दर्शन किए, लाखों लोग, नाम पर सिर्फ लता। ऐसा ही आभास अभी जुबीन गर्ग की अंतिम यात्रा में देखने को मिला। कलाकार कभी

मरता नहीं, वो हम सब में ही कही सांस लेता है, कभी रफी बनकर, कभी लता बनकर और कभी जुबीन बनकर

धूप और ज़िंदगी

भाग रहा था जिंदगी की धूप से
एक दिन चुप ,कान में मेरे कह गई
कच्चे आम की हरी अमराई
बिना धूप सबमें, मिठास भला कब आई

इमली खट्टी हो गई, बेर पक गए
नमक सूख और नमकिया हुआ
तो कड़वा करेला और कसैला हुआ
और आम पक, खट्टे से रसीला हो गया

बस तभी से दृष्टिकोण बदल गया
खूब नहाया धूप में जी भर कर
बारिश में हंस कर हुआ तर -बतर
नज़ारे ही बदल गए, नज़र बदल कर

लाडली बहन

माँ बाप तो नही,
पर, उनकी छवि लगती है तू
दूर ....है बहुत मगर
दिल में बसती है तू

मेरी कामगार कलाई में
सूती धागे की
राखी के मंगल रूप में
पूरे साल सजती है तू
माँ, बाप भाई सब को छोड़
दूर जाने वाली मेहमान
तेरे बचपन के आंगन का
सिर्फ एक रखवाला हूँ ओ अनजान
तेरे होने के एहसास से ही
खुश खुश सा रहता हैं ये मन
मेरे जीवन की सबसे अच्छी दोस्त
मेरी प्यारी, लाडली बहन

अपने सपने

बचपन के कुछ सपने थे
जो टांड़ पर रख दिए थे
कुछ पोटली बना, रख छोड़े
कुछ दीवान में ठूंस दिए थे

वक्त की गर्त कुछ ऐसी पड़ी
वो अधूरे ख्वाब, दब से गए
अचरज, वो ना कभी पुराने हुए
ना ही वक्त के साथ दफ़न हुए

पचपन के बाद एक दिन देखा
मरजानें अंकुर अभी भी हरे थे
थोड़ा समय की खाद दे दी
सामने नएं पत्ते बन, खड़े थे

कमबख्त,टगें है मेरे कंधों पर
भूले बिसरे वो सब कुछ ऐसे
आख़िर मेरे ही तो ख्वाब है
बहुत जिद्दी ,बिल्कुल मेरे जैसे,

बदलती आवाज

ट्रिन ट्रिन ट्रिन ट्रिन

लगातार मोबाइल पर घंटी बज रही थी मीटिंग से फ्री होते ही मैंने फ़ोन उठाया। उधर से एक नई खनकती आवाज़ सुनाई दी। किसी कार्ड कंपनी से था ।

मैंने कहा मेरे पास ये पहले से ही है। उसने किसी और का रेफेरेंस देने का निवेदन किया जिसे मैं ने शालीनता से ठुकरा दिया।इससे पहले कि मैं फोन रखूँ, उसने कहा कि सर, आपने बड़े प्यार से ना किया जबकि लोग हमें झिड़क कर फ़ोन काट देते है।वो बोली, सर आपकी कॉलर tune "ओ मेरे दिल के चैन" बहुत अच्छी हैअगर दुबारा इस नंबर से फ़ोन आये तो प्लीज़ फ़ोन मत उठाइयेगा। बहुत अच्छी लगती है। मैंने हँस कर फोन काट दिया।

उस नादान को नही मालूम था अभी कुछ समय पहले ही मुझे मेरे एक दोस्त से पता लगा था कि इन बच्चों को 15 से 20 हज़ार रुपये कहकर काम पर रखा जाता है। सिर्फ 1500 या 2000 फिक्स होते हैं बाकी variable Pay। उनके हाथ में एक बड़ा सा डेटा बेस थमा कर सब्ज़ बाग दिखाए जाते है कि हर डील पर एक फिक्स अमाउंट। जो गिनती में तो बीस से पचीस हज़ार होता है। लेकिन कभी फ़लीभूत नही होता। जिसके कारण सुबह 10 से शाम 6 बजे तक काम करने के बावजूद उसकों दो तीन महीने भी सैलरी नही मिल पाती है। और गाँव से चली वो बुलंद आवाज़, शहर की गलियों में घुट, वापिस लौट जाती है ।

और फिर बजती है
ट्रिन ट्रिन ट्रिन, एक नई आवाज़ के साथ।

सूरज

अरब सागर से है देखा
बंगाल की खाड़ी से देखा
आसमां में उड़ते जहाज़ से देखा
गहरे सागर के जलयान से देखा
समंदर में बहती नाव से देखा
हाजी अली की दरगाह से देखा
शहर के रुके जाम से देखा
खेत खलिहान से देखा

नासमझ है जो मुंह फेरते है ढलते सूरज से
मैने तो जब भी देखा सूरज को चलते देखा
परमात्मा ने पहला उपदेश इन्हीं को दिया
ये आदि है, सतत है हम सब के पिता

दृष्टिकोण

अपना अपना बरतन
अपना अपना आयतन
जिसका जैसा आईना
वैसा प्रकाश परावर्तन
सूरज ने तो बांटी थी
रौशनी सबको एक जैसी
कोई धूप में नहा, खुश हुआ
कोई परदे चढ़ा, सो गया

जूते का सोल,

उस दिन शाम बाबूजी बोले, बेटा मेरे जूते का तलवा फट गया है, मोची के पास जाकर इसका सोल बदलवा देना, और हाँ उसको बोलना कि टायर वाला ही सोल लगाए क्योंकि वो ज्यादा चलता है। मैंने जाकर ऐसा ही करवाया। मोची ने दोबारा से कीलें ठोकी, तलवा बदला और मुझे दे

दिया। 10 रुपए में जूता फिर एक साल चलने के लिए तैयार था। पर हाँ, अब उसका वज़न थोड़ा ज्यादा हो गया था। बाद में पता चला कि वो सबसे सस्ता था, बेशक काफी सख्त होता था। आश्चर्य की बात, मेरे स्कूल की छुट्टियों के खत्म होने से पहले मेरे लिए दो जोड़ी नए जूते बाबूजी खरीद लाएं थे।

आज जब इसको नए सिरे से सोचा, तो अनुभव हुआ कि न जाने ऐसे कितनो अभावों को दरकिनार करते हुए, हमारे माता पिता ने हँसी खुशी हमें पाला।

हमारे कल के लिये अपने आज को कुर्बान कर दिया। वो किसी के मोहताज़ नही बल्कि उनके निःस्वार्थ मोह के कारण ही आज हमारे सर पर ताज है। ये सदैव स्मरण रहे।

कितनी विडम्बना है कि जूते में भी सोल (आत्मा) है, इसलिए उसको पहनने वाले चरण छुए जाते है।

रोशनी की ओर

भगवान श्रीकृष्ण ने गीता में अर्जुन से अपने संवाद में, जीवन के उस पक्ष को छुआ, जिसे भौतिक संसार ने कभी सुना न था। आत्मा और परमात्मा का सम्बन्ध और उसकी संपूर्ण विवेचना इस रहस्य से पर्दा उठाती है कि शरीर के आवरण में रहने वाली अनित्य आत्मा अपना सिर्फ़ चोला बदलती है, कभी मिटती नहीं। हमारा कर्तव्य सिर्फ कर्म(अच्छे) करने का है।

माना, अभी गहन अंधकार है
सूरज के अभाव में सृष्टि को
सम्पूर्ण तमस ने घेरा है
टिमटिमाता चांद खड़ा है तारे संग
फलक पर दूर तक अंधेरा है

अर्जुन सा जीवन नही पाया मगर
एकलव्य बनने से किसने रोका है
उठा गाण्डीव, प्रत्यंचा चढ़ा
तेरे हौंसलों से, आसमाँ भी झुका है।
कुछ देर बाद अवश्य सवेरा होगा
पार्थ, धैर्य रख , तू अंश मेरा है

सुकून

नील गगन में उगते चांद सूरज
रात में बिखरे
मोती से सितारे
हमें देखें कितने दिन हुए

फूल पर बैठा भंवरा,
शाख पर गाती चिड़िया
घास पर बैठी तितली,
हमें देखे कितने दिन हुए

हमारे ही खेल के लिए
कुदरत ने पहले प्रकृति उपजाई
नज़र रहते देखो भईया
उस मालिक की करिश्माई

वो हर फूल में खिलता मिलेगा
पक्षियों की चहचहाहट में मिलेगा
तनिक भी दूर जाने की जरूरत नहीं
अपने में ही बैठा मुस्कुराता मिलेगा

सफलता के रास्ते

रात की मुट्ठी में
एक सुबह भी है,
शर्त है कि पहले जी भर के
अंधेरा तो देख लो

समंदर के गर्भ में
सीप प्यासी पड़ी है
जिद है स्वाति नक्षत्र में एक
बूंद की जो कोई बादल उड़ेले

बेसाख़्ता लहराते पेड़ो पर
आज पतझड़ की झड़ी है
सब्र की नाव खेतें है दोनों
बहारें फिर आएगी, मोती भी उगेंगे

सख़्ती

तख़्त की हो या तख्ती की,
ता उम्र, जिस्म और लिखावट
को सलामत रखती है।
सख़्ती,
गुरु की हो, या मां बाप की
जिंदगी भर, हिफाज़त करती है
उन्होंने अंधियारे ओढ़
हमेशा हमें रौशनी में सुलाया
पेशानी पर पड़े पसीने को
बखूबी, उम्र भर छिपाया
वो भगवान ही था जो
बन मां बाप जीवन में आया

चाय

साथ में गर कप के नीचे धरा सी प्लेट हो
तो चाय नहीं जनाब वह भूरा सा प्राप्त अमृत है
सुडक सुडक का मद्धम स्वर,हमसाथी निकट हो
हर चाह को मिटा दे गर दमदार चाय सन्निकट है

आम का पेड़ और कोयल

बूढे आम के पेड़ के पूरे 2 साल की कमाई थी
कोयल ने दिन रात कूका, तब मिठास आई थी
शिशिर, बसंत, ग्रीष्म, शरद, हेमंत वर्षा सभी ने तो पाला था
कोयल, तोता, चिड़िया, मैना सबको उसने झूला झुलाया था।
बच्चों की हँसती किलकारी से इसका अंग अंग हरा हुआ
ये बाला से चहकती हुई , आम की नई अमराई थी।

और मैंने इस एक झटके से तोड़ खा लिया
बारिश की बूंदों के बीच आम के पेड़ पर बैठी कोयल कुछ कह रही थी
कई गाने उभर आये।
गालो, मुस्कुरा लो, महफिले सजा लो,
मरने से पहले जीना न छोड़ो, यारों

मेरे शास्त्री जी

दिल्ली से रात करीब आठ बजे मगध एक्सप्रेस पटना के लिए रवाना होती थी। कंपनी के काम से मुझे बनारस जाना होता था तो मुगलसराय तक वही ट्रेन लेता था। ट्रेन जब चली तो सामने की बर्थ पर वयोवृद्ध खादी का कुर्ता पजामा और टोपी पहने सज्जन अपने परिवार के साथ जा रहे थे। जिज्ञासावश परिचय हुआ तो मालूम हुआ वो लाल बहादुर शास्त्री के पर्सनल सेक्रेटरी रहे थे। न जाने क्यों बचपन से शास्त्री जी की सादगी ने हमेशा मुझे खींचा। जब वर्जिश करने और खेलने जाते थे तो मैं शांतिवन या राजघाट की बजाय विजयघाट(शास्त्रीजी की समाधि)जाता था क्योंकि वहां बहुत ही कम लोग जाते थे। भीड़ नहीं होती थी।जीवन में ललिता शास्त्री जी से मिलने का मौका मिला था और उनकी सादगी देखकर हृदय द्रवित हुआ था।

ख़ैर, मुझे तो जैसे मनमांगी मुराद मिल गई। और फिर शुरू हुआ बातचीत का अनवरत सिलसिला। उनके साहसिक बचपन का सफर, राजनीतिक यात्रा, एक रेल दुर्घटना पर अपना रेल मंत्री पद से इस्तीफा देना, ना चाहते हुए भी देशहित के लिए प्रधानमंत्री पद संभालना, 1965 के थोपे गए युद्ध में फौज का कुशल नेतृत्व करना, और ताशकंद समझौते की वो मनहूस रात, जब सब ठीक था, मगर अचानक रहस्यमय ढंग से बिगड़ गया और भारत का शेर सो गया।

शास्त्री जी ने उस समय जय जवान और जय किसान का नारा दिया। मनोज कुमार की बुलाया और देशभक्ति फिल्में बनाने के प्रेरणा दी जिससे सेना का मनोबल बढ़े, देशप्रेम बढ़े।मनोज कुमार (भारत कुमार) जुट गए और एक से एक देशभक्ति की फिल्म बनाई। फ़ौजों को हथियार की कमी थी शास्त्रीजी के एक आवाहन पर मां, बहनों ने अपने गहने,जेवर न्यौछावर कर दिए, गीतकारों ने देशभक्ति के सैकड़ों गीत रचे और सीमा पर जाकर सैनिकों का हौंसला बढ़ाया। अन्न की भी कमी हो चली थी तो युद्ध हालात में देशवासियों ने शास्त्री जी की आवाहन पर एक समय खाना छोड़ दिया था।

आज गंगा में बहुत पानी बह गया है। देश हर तरह से मजबूत है। और हमारी जाबांज सेना दुश्मन को मुंहतोड़ जवाब देने का माद्दा रखती है। भारत का बच्चा-बच्चा अपनी मातृभूमि के लिए उसी तरह खड़ा है। वीर शिवा और महाराणा प्रताप के वंशज है, दुश्मन को धूल में मिलाकर ही चैन लेंगे।

छुक छुक गाड़ी

एक इंटरव्यू में आनंद बख्शी साहिब से पूछा गया कि आपका सबसे बेहतरीन गीत कौन सा है। वो बोले कि एक व्यक्ति एक बार उनके पास आ, उनके चरणों में गिर पड़ा। वो बोला कि जीवन से हार मैं आत्महत्या के मकसद से रेल की पटरी पर लेट गया था। तभी दूर बस्ती से रेडियों में गाना बजा, गाड़ी बुला रही है, सीटी बजा रही है उसका ह्रदय परिवर्तन हो गया और एक कीमती जान बच गई। शायद यही बेहतरीन गीत था। गर्मी की छुट्टियां आरम्भ ही गई है। एक समय था जब छुक छुक गाड़ी में हम नानी, दादी के घर जाते थे। शायद कोई ऐसा नहीं होगा जिसने रेल का खेल नहीं खेला होगा।

होना एक कलाकार का

फिल्म देवदास(1955) में दिलीप साहिब के साथ दो हीरोइन थी एक सुचित्रा सेन और दूसरी वैजयंती माला । वैजयंती माला ने इस फ़िल्म के लिए सह अभिनेत्री का अवॉर्ड लेने से मना कर दिया था क्योंकि उनकी निगाह में चंद्रमुखी का रोल पारो से किसी भी तरह कम नही था। बात डायरेक्टर विमल रॉय तक पहुंची और उन्होंने दिलीप साहिब के साथ फिल्म नया दौर(1957) में उनको हीरोइन लिया। फिर तो इस सफल जोड़ी ने कई बेहतरीन हिट फिल्म दी।

लगभग 7 वर्ष पहले, वैजयंथी माला जी के एयरपोर्ट पर दर्शन हुए, तबीयत शायद ठीक नही थी, इसलिए व्हील चेयर पर थी। मेरा दिल बाग बाग हो गया, झट चरण छुए, उनकी आंखों में चमक बरकरार थी।

आज जब उनको 2024 में पद्म विभूषण से उनको सम्मानित किया गया, तो हार्दिक प्रसन्नता हुई, कई कलाकारों का सम्पूर्ण जीवन एक तप है, और वैजंथी जी ने नृत्य और अभिनय को अत्यंत श्रद्धा के साथ हमें एक थाती के रूप में दिया है, जहां कलाकार और कला एक दूसरे के पूरक है। नमन। फिल्म 'ज्वेल थीफ' का गीत 'दिल पुकारे आ रे आ रे' सुनते ही वैजयंती माला जी की छवि आँखों के सामने उभर आती है।

काला और सफ़ेद

तख्ती सफेद, तो स्याही काली
आँख सफेद, तो पुतली काली
दिन सफेद, तो रात काली
चाक सफेद, तो बोर्ड काली

पता नही, क्या संबंध है दो रंगों में
रेल की पटरी सा साथ साथ चलते है
मगर एक दूसरे के कारण ही दिखते है।
तो क्यूँ फिर काले(दुःख) से डरे,
सफ़ेद(खुशियां) भी तो साथ साथ चल रहा है
फर्क सिर्फ नज़र का, क्योंकि धूप में तारे नही दिखते

महादेव

भांग, धतूरा, सर्प, हलाहल,

भूत, पिशाच, शमशान के वासी

राक्षस, देव, मनुष्य सब एक बराबर

सबसे बड़ा ज्ञानी, हमारा औघड़ दानी

सब नकारात्मक शक्तियों को प्यार से आत्मसात करने वाले सिर्फ महादेव है। राम/कृष्ण के प्यारे है और जब भी प्रभु का अवतार हुआ, दर्शन हेतु पधारते है।

सर्वज्ञ हनुमान

जन्म से अभी तक हजारों लोगों, संतों से ईश्वर के बारे में सुना है, जानने की कोशिश की है मगर साक्षात्कार अभी नहीं हुआ, कुछ अनुभव जरूर हुए है। अनेकों बार शमशान जाना हुआ, और यह एक सिद्ध बात है कि कोई अनदेखी शक्ति(जिसे सब आत्मा कहते है) हम सब में विचर रही है, उसका रहना, जीवन और चले जाना ही मृत्यु है।

प्रश्न उठता है वो शक्ति आई कहां से और गई कहां पर। प्रकृति के पंचभूत भी तभी सार्थक हो उठते है जब वह अदृश्य शक्ति साथ होती है। शायद यही वो परमात्मा है जो हम सब में है, मगर हम से नहीं, तभी तो वह अलग हो पाता है।

एक उदाहरण है जिस शिक्षक के प्रति हमारे मन में श्रद्धा और प्यार का भाव होता है, वही विषय हमें सिद्ध भी हो जाता है

बचपन से जब कुछ समझ आई तो सर्वप्रथम उस पराशक्ति को हनुमान जी के रूप में जाना। जीवन के कई सोपान आए जब सिर्फ़ वो शक्ति साथ थी, अडिग, हाथ पकड़े, झंझावातों से निकालने को बेताब।

आज हनुमान जयंती के अवसर पर अपना अनुभव साझा कर रहा हूं। हनुमान जी के अनंत गुणों ने मुझे सदैव आकर्षित किया है। मगर सब कार्य सिद्ध करके , दास की तरह श्री राम चरणों में विनीत हो बैठना, मुझे सर्वश्रेष्ठ लगता है। सीता माता की खोज करके वो रामजी के पास न जाकर सुग्रीव के पास गए, और तब जामवंत पूरे समूह के साथ, राम लक्ष्मण के पास गए और उन्हें हनुमान जी के कारनामें बताए। जब राम ने कहा कि मुझमें इसका प्रति उपकार करने का सामर्थ्य नहीं तब हनुमान जी ने कहा, ये सिर्फ आपकी कृपा थी।

साकेत जाते हुए राम जी ने अयोध्या का राजा हनुमान जी को बनाया। द्वापर में भी चित्रा सखी के रूप में हनुमान जी कृष्ण(राम) के सानिध्य में ही थे।

चलते-चलते, हमें शायद अपनी सातवीं पीढ़ी भी याद नहीं होगी, मगर ऐसा नहीं कि हमारे पूर्वज नहीं थे। आज का समय उन सनातन पूर्वजों की याद करने का है, जिनसे हमारा निकास हुआ है, हनुमान जी उनका एक रूप है!

रामगुण

स्वामी रामसुखदास जी (गीता प्रेस, गोरखपुर) के श्रीमुख से सुना था।

"*राम गुण गाया नहीं,*

गायक हुआ तो क्या हुआ

मां बाप मन भाया नहीं

लायक हुआ तो क्या हुआ"

संगीत उसी परमपिता की हमारे ह्रदय में गूंजती ताल है

कुछ ह्रदय से शब्द निकले है...

मेरी नैया भंवर में इत उत डोले
इसको भी किनारा दो मोरे राम
तुमने लाखों को तारा,
क्यूं मुझको बिसारा
मुझे भी दे दो सहारा
मोरे राम

सुन दीनन की पुकार,
लिया रामा अवतार
कौशल्या दशरथ घर ,
जन्में मोरे राम

दुष्ट ताड़का को मारा,
संतन को उबारा
सबके प्रिय, हृदय,
बसें मोरे राम

अहिल्या ऋषि नारी,
शिला बन के दुखारी
छूअत, पल में ही तारी,
भये पूरण काम

जिसको सबने दुत्कारा,
उसे मां कह कर पुकारा
सबरी के संवार दिए
सगरे बिगड़े काम

नंगे पांव, घूमे राम,
ढूंढे संतन के धाम
दर्शन नयनाभिराम,
बन बन डोले राम

जटायु को दिया
पिता सम मान,
सुग्रीव बल बने राम,

भक्त मिलें हनुमान
विभीषण को तारा,
दिया सबको सहारा
तुम भरत, लक्ष्मण ,
रिपुदमन की जान

सिया मां के करुणावतार,
नेक मेरी निहार
मैं पड़ा हूं तेरे द्वार,
कई जन्मों से मोरे राम

मेरी नैया भंवर में इत उत डोले
इसको भी किनारा दो मोरे राम

हाउस वाइफ

इन्टरव्यू लेते वक्त, जब परिवार की जानकारी ली तो अभ्यार्थी की आंखों में चमक थी उसने बड़े विस्तार से अपने पिताजी, भाइयों की शिक्षा और व्यवसाय के बारे में बताया। जब मां के बारे में पूछा तो वो चमक मद्धम हो गई, वो हाउस वाइफ है सर।

अलग अलग शहर, अलग अलग लोग मगर जीवन में जब भी साक्षात्कार लेने का मौका मिला, एक स्वर और एक ही भाव था अपनी मां या पत्नी के लिए वेदना से भरा, अगर वो हाउस वाइफ है

प्रश्न कौंध उठता है कि अपने शरीर से हमारा शरीर बनाने वाली मां, नर्सरी कक्षा से उच्चतम शिक्षा तक रोज़ सुबह स्कूल जाने से पहले नहला, धुला कर, टिफिन पैक कर भेजनेवाली मां, परीक्षाओं में द्वार पर दही पेड़ा से मुंह मीठा कर भेजती मां, बीमारी में पंखे की तरह घूमती मां, ,

अपने मुंह के कौर का निवाला भी हमें खिलाने वाली मां

सभी दुःख आपत्ति से हर पल बचाती मां, बुजुर्ग बेटे के भी इंतजार में देर रात भर जागती मां का अस्तित्व क्या इतना छोटा हैं? शायद नहीं।

अपनी व्यक्तित्व की तिलांजलि देकर, हमारे व्यक्तित्व की इमारत खड़ी करने वाली स्त्री, कभी भी, किसी से कमतर नहीं, बल्कि हमेशा बेहतर है यह कटु सत्य है, इसे अंगीकार करना है और प्रभावपूर्ण तरीके से समाज

में रखना है, ये हमारा उनके प्रति श्रद्धा और प्यार महसूस कराने का परम दायित्व हैं

मनमोहन

नीले आकाश पर श्वेत श्वेत सा उड़ता बादल

मानसरोवर के नीले जल में रहता हंस उज्ज्वल

सिंह का बच्चा मगर रहता था निहायत शांत मौन

हर दिल प्यारा,हर दिल अज़ीज़ सबका मनमोहन

अपार ज्ञान की गठरी,मगर अत्यंत सरल, विनम्र

जमीन से जुड़ा इंसान, जीता लिए नितान्त सब्र

उनकी चुप्पी, लाखों कहकहों पर भारी थी

उनके प्रशंसकों की कतार बहुत ही लंबी थी

सुना है ' राज' कल रात वो शख्स मौन हो, शांत हो गया

कई सवालों के जवाब खामोशी से दे, चिर निद्रा में सो गया

भारत मां का एक और लाल, हमसे विलग हो गया

नज़रिया

मेरी दृष्टि से ,जहां ढेरों उन्मुक्त कलियां है जो खिलने को बेताब है वहीं कुछ नूतन पुष्प है जो बस अभी अभी खिलें है।नाक की क्षितिज तक समानता अहंकार का अभाव दर्शाती है

नयन मानों बुद्ध की सम्यक दृष्टि लिए हो

उभरे बंद ओष्ठ कुछ अनकही दर्शाते है(दक्षिण अफ्रीका में यही होठ, सुंदरता के द्योतक होते है)

छिपे कानों के ऊपर लटकते कर्णफूल के मध्य के घेरे सौरमंडल के और 12 घूमते छोटे घेरे संपूर्ण वर्ष के बारह मास के परिचायक है

बालों की घुंघराली लटें एक और श्याम वर्ण लिए है वहीं मयूर के पंख की आभा को परिलक्षित कर रही है

चार कोमल अंगुलियों की कोमलता के पीछे छुपे अंगूठे वाला हाथ कलाकार के सौभाग्य को प्रदर्शित कर रहा है।रत्नजड़ित मुकुट के झरोखों के नीचे लटकी जुल्फ कोमल व्यक्तित्व के दर्शन कराती है पलकों का रंग कई जागी रातों को दर्शा रहा है। सारे रंग है मगर कोई भी किसी और भारी नहीं। सम्पूर्ण, समरस और सुंदर दृष्टि की सृष्टि

व्यथा

आज बूढ़े दरख़्त की

शाख पर दो चांद टंगे थे

एक कार्तिक पूनम का,

एक बिजली बोर्ड का

नकली वाला ज्यादा चमका था

सफेदी भी कुछ ज्यादा थी

आसमां वाला थोड़ा पीला था

बहस लगी कौन असली है

बहुमत नीचे नकली को था

असली बोला भैया झगड़ा कैसा

तुम जीते और मैं ही हारा

मैं तो रोज़ घटता बढ़ता हूं

मेरा ना बन पाया झिंगोला

तुम चमकों कुछ ग़ज़ जमीं पर

मुझे देना है धरा को उजियाला

बच्चों का मामा हूं मुझे

हर घर की छत तक है जाना

नकली फिर भी अड़ा पड़ा था

क्यूंकि खूब समर्थन साथ खड़ा था

होना एक रतन का...

ना कोई रिश्तेदार था

ना ही कोई जानकार

कभी मिला भी नही था

कभी रूबरू भी नही

जितना पढ़ा, समझा था

हम जैसा ही मानव था

परम उद्योगी, कर्मठ सूर्य सा

ओढ़ता था चांद की शीतलता

क्या अजब गजब घुट्टी दी थी

जमशेद जी ने अपने सुपुत्र को

हर निर्णय में देशहित सर्वोपरि

बस यही उसका मूल मंत्र था

आयेंगे और जायेंगे हजारों धन कुबेर

और खूब चलेगी चर्चा उनकी रुखसत की

मगर भारत मां भी गमज़दा एक रत्न पर

जो आज हम सबको टाटा कर गया

वाह प्रकृति

मैं नीला, और तू पीला

वो सफेद , वो सुर्ख लाल

अलग अलग हमारी खुशबू

अलग अलग हमारा भाल

ऊपर बैठा मालिक हंसता

देख सुन इनके चाल ढाल

एक ही सूरज, एक ही मिट्टी

सबकी अपनी अपनी चाल

फूल खिले है गुलशन गुलशन

वाह प्रकृति, तू भी कमाल

मेरी दिल्ली

लंबे अर्से बाद कल पुरानी दिल्ली जाना हुआ। हाथ रेहड़ी, रिक्शा, आतिशबाजी की दुकानों के सामने बूढ़े पीपल के पीछे झांकती पुरजोर खड़ी जामा मस्जिद झांक रही थी

उसके सामने खड़ा लाल किला लगता है आपस में 700 साल पुरानी यादें दोहराते है।

गौरीशंकर मंदिर की प्रातः काल मधुर घंटियों की आवाज के साथ जब जामा मस्जिद और फतेहपुरी मस्जिद से अजान उठती है तो बेप्टीटिस्ट चर्च से घंटे की आवाज बजती है, लालमंदिर की सुबह की आरती से उसके पीछे स्थित पक्षियों के अस्पताल में घायल पक्षियों की नींद टूटती है, आर्य समाज मंदिर से वेद की ऋचाएं उठती है तो गुरुद्वारा सीस गंज से पावन गुरबानी और नीचे भंडार हाल से लंगर के विशाल बर्तनों की

आवाज, जो किसी को भूखा नही सोने देते। यही है वो गालिब के गली कासिम जान वाली सड़के, यही है गुलजार की दरीबें से बल्लीमारान वाली सड़क। आज भी ढाक के पत्ते पर छोले परोसते, भुने भुट्टे, कचालू और अमरक परोसते हाथ यहां मिलेंगे। एक अजीब सी प्यारी ठसक महसूस होती है।

इस बेहताशा दौड़ती जिंदगी के पीछे सिर्फ बस समझने वाली एक नजर चाहिए, दिल्ली, मेरी दिल्ली।

प्रकृति

किसने रंग भरा,

किसने खुशबू बहाई

सूरज एक सा चमका,

भूरी धरती पसीजियाई

एक उम्र जब जी पौधे ने,

तब जाकर रंगत पाई

देख उस प्रभु की लीला,

मन की कली हर्षाई

इस नश्वर संसार जगत में

उस सा कलाकार कोई न भाई

कांवड़

जल ही जीवन है और शिव पर यह जल चढ़ता है।

जहां सावन तीज के त्योहारों और झूलों का मौसम है वही पवित्र नदियों से जल लाकर अपने अपने शिवालयों में भगवान भोलेनाथ का अभिषेक, बहुत पुरानी समृद्ध परंपरा है।

विभिन्न मतानुसारों के अनुसार, पहली कांवड़ उठाने वालों में परशुराम, राम और श्रवण कुमार का नाम आता है मगर उपलब्ध जानकारी के अनुसार श्रवण कुमार का दृश्य सामने आता है जिसमें उन्होंने कावड़ से अपने मातापिता को तीर्थयात्रा कराई थी। जब वो प्यासे मातापिता के लिए जल लेने गए थे, तो अनजाने में दशरथ के शब्दभेदी बाण से उनकी मृत्यु हुई। मुझे ऐसा लगता है तभी से कावड़ से जल लेकर परमपिता शिव को जल चढ़ाकर अपने अपने मातापिता की भक्ति की जाती है।

जीवन में दो बार कांवड़ उठाने का मौका मिला, जब ऋषिकेश से नीलकंठ महादेव की 14 km की दुर्गम यात्रा तय की, अपनी सहभागिनी के साथ। एक असीम ऊर्जा और शक्ति का अनुभव होता है इस दौरान। GT रोड पर घर होने की वजह से पिछले 10 दिनों से कांवड़ियों का मेला लगा है जहां वो गोमुख, गंगोत्री, हरिद्वार से जल भर सुदूर राजस्थान, हरियाणा, दिल्ली आदि प्रदेशों में स्थित अपने घरों को जाते है।

एक खास बात, है जल की गगरी को पूरा भर उसको सील कर दिया जाता है जिससे वो छलके नही। इससे चलने में आसानी होती है। अपनी अपनी क्षमता के अनुसार, कांवड़िए विभिन्न मात्रा में जल लाते है। फिर भी 10 ltr से 50 ltr तक जल लाना आम बात है। कांवड़ कभी भी जमीन पर नही रखी जाती। इसके कई नियम है।

नंगे पैरों, पैदल, वजन और नियम के साथ चलना हंसी-मजाक नहीं, एक मजबूत हृदय ही ये बीड़ा उठा सकता है।

पिछले 10 दिनों से हर्ष, एक शिविर की व्यवस्था संभाल रही है पुलिस विभाग की ओर से, जहां उन्हें विशेष अनुभव हुए।यह कृपा है शिव शंकर की आप भी आज जल चढ़ा, बाबा का आशीर्वाद लें, पुण्यभागी बने।

बूझों कौन

हर घर में एक सेंटा रहता है।

वो कोई लाल ड्रेस नही पहनता, ना ही कोई मुखौटा लगाता है

परेशान चेहरे पर खुशियों का नकाब ओढ़े सबकों खूब हंसाता है।

बच्चे की एक हंसी के लिए कभी घोड़ा, कभी टट्टू बन जाता है

घर की हर जरूरत के लिए चौबीसौ घंटे का लट्टू बन जाता है

हमारी नन्ही सी खुशी के लिए अपनी सारी हसरत बिसराता है

हर दुःख, गम और मुसीबत में चट्टान सा आ खड़ा हो जाता है

बादल की तरह वो रोता नही, हर आसूं चुप छुप पी जाता है

हर घर में एक सेंटा है जो झोली भर सिर्फ खुशियां लुटाता है।

मां

बिन सुई ही बुन डाला था मेरा ताना बाना
खुद के शरीर में दिया था मुझे आशियाना
खून की बूंदों से सींचा था मेरा नन्हा जीवन
बुरी नजरों से खजाने की तरह छुपाया था

नए पैरों में जिस वक्त बिलकुल जान न थी
नए परों में जब मेरे कोई उड़ान न थी
नए नए मुख में दांत तो क्या जबान न थी
कमज़ोर हाथों में मेरे बाहुल्य की शान न थी

तब रातों जग जग कर सोना सिखाया था
एक एक कौर खिला, मुझे बड़ा बनाया था
अंगुली पकड़ उसी ने चलना सिखाया था
हर गिरन पर, झट गोदी उठा गले लगाया था

उसके दूर कदमों की आहट में मीलों से सुन लेता था
वह साथ रहे मेरे, इसलिए झूठी मूटी बिगड़ भी लेता था

हर परीक्षा से पहले खड़ी होती थी दूध पेड़ा लिए
मेरे हर साल का सफल नतीजा, उस अनपढ़ की डिग्री था

लड़ जाती थी मेरे लिए, जमाने की धूप से
मेरे हिस्से हमेशा सिर्फ ठंडक ही बहाती रही
उसका जाना, मेरे जीवन का अंत ही तो था
मगर जाते जाते भी हौंसला बंधाती रही

आज उसे गए हुए हो गए है बरसों बरस
मगर हर गर्मी में साथ खड़ी सी महसूस होती है
गमों की बारिश जब भी सरोबार करती है
सपनें में आ, अब भी दुलार जाती है मेरी मां

ऐ जिंदगी, संवाद

आज आईने के सामने खड़े हो

कितने अरसे के बाद अपना दीदार किया

फ़िर संवार ली है ज़ुल्फें अपनी

कमर की जीन्स में फंसी बेल्ट को एक छेद अंदर खिसका

आँखे आज फिर सपनगी से चमकी है

आजा फिर एक एक हाथ हो जाये।

तू अपनी सोच, मैं हारने वाला नही।

ऐ जिंदगी एक आईना ही तो है जिसमें हमारा ही अक्स हमें नजर आता है। जिसे हम ही समझ सकते हैं। इसे ही कहते हैं आइना दिखाना। कमर में बेल्ट कसी है। एक नई राह पर फिर से डट कर चलना है आंखों में हमेशा सपने रखो जरूर आज नहीं तो कल सफल होकर ही रहेंगे। यह आस्था और विश्वास अपने साथ संजू के संजो के रखना जिंदगी भी उनके साथ एक एक हाथ करती है जिन्हें आस्था और कर्म पर विश्वास होता है। जिंदगी के सफर में सच की राह पर चलने वाला हार कि नहीं सोचता है

मलाई और खुरचन संवाद

भगोनें के तली में लगी खुरचन
दूध के ऊपर तैरती मलाई से बोली
सखी, हम दोनों ही दूध की पैदाइश है
मगर तुझमें ऐसा क्या कि तुझें
लोग प्यार से निकाल खा जातें है
और मुझें चाकू से खुरच खुरच
निकाल बाहर फ़ेंकते है

मलाई हँस कर बोली, सखी सुन
तू और मैं आग में बराबर तपे
तू उस तपन को दिल से लगा जलती रही
मैं जलन के बावजूद भी पूरे दूध में नाचती रही

दूध की एक एक बूंद मेरे साथ थी
मैं उन्ही के अंश का ही तो पर्याय थी
मैं पंख सी हल्की हो ऊपर आ गयी

हवा के पहले स्पर्श से ही अपने अस्तित्व में आ गयी
सुख और दुःख के उपक्रम जीवन भर चलते है
कुछ बिरले लोग ही सब हंसकर सहते, मलाई से निकलते है।

मुसाफिर

आवाज़ नाद से अनाद बनी

शरीर, भस्म बन बिखर गया

यादों का हसीन काफिला छोड़

पंछी, दूर सफर पर निकल गया

जो रहता था एक घर के पते पर

आज सब कुछ बिसर गया

हर चौखट को अपना बसर बना,

आंगन आंगन ख़ुशबू छिड़क गया।

बैंड वाला

आज एक रिश्तेदार की शादी थी बारात लड़की वालों के दरवाज़े पहुँचने वाली थी सारे डांस करने वाले इकट्ठे हो मस्ती करने लगे। कोई फरमाइश कर रहा था कि शराबी का गाना बजाए तो कोई नागिन धुन। शराब में लथपथ नवयुवकों को तो जैसे बदमाशी का लाइसेंस मिल गया हो। कुछ लोग अपनी लाइसेंसी बंदूक से हवाई फ़ायरिग करके धौंस जमा रहे थे। वही कुछ बैंड वालो की टोपियां उछाल रहे थे। उन्ही में एक बैंड वाला मासूम हरिया था। किसी बड़ी ड्रेस को किसी तरह अपने पर लपेटे अपनी टोपी को बचाने की कोशिश कर रहा था बैंड मास्टर की सख्त हिदायत थी कि बारातियों को नाराज़ नही करना है। उस टोपी की कीमत 600 रुपये थी। हरिया के 10 दिन के खाने के बिल के बराबर।खो जाती तो अनर्थ हो जाता, हरिया उसी इज्ज़त को बचाने की कोशिश कर रहा था।

गाँव मे सूखा पड़ा था, कोई आमदनी का सहारा नही। परिवार का पेट पालना था सो ट्रैन पकड़ दिल्ली आ गया। गमछा बिछा रात स्टेशन पर काट देता था और दिन में बोझा उठा, कुछ कमा लेता था। किसी ने उसे बैंड वालों के बारे में बताया। गाँव मे जब नौटंकी आती थी तो अपने चचा के साथ ताशा बजा लेता था। वो कला शहर में काम आयी। और विवाह के सीजन में उसने भी एक बैंड में हिस्सा लेना शुरू कर दिया। लाल किले की पिछली दीवार के नीचे प्रैक्टिस होती थी।क्योंकि लोग सीखतर को नही सुनते।अब तो उसने बड़ा क्लेरीनेट भी बजाना सीख लिया था। हरमन

चाचा ने बोला था, कि ये धंधा ठीक नहीं, गले में गाँठ हो जाएगी, मगर चारा नही था। आज फिर एक शादी में वो काम पर था।

शराबियों के द्वारा उड़ाए जा रहे नोटों को उठा भी नही सकता था जिसमें उसे गांव में बैठी अपनी बच्ची की गुड़िया नज़र आ रही थी।किसी तरह से इज़्ज़त बची और बारात बैंक्वेट हाल में प्रवेश कर गई।

अब जब भी हम किसी ऐसे जुलूस में जाये, तो याद रखना है हरिया की टोपी को गिरते से बचाना है क्योंकि वो उसकी पगड़ी है।

एक धन्यवाद

पत्नी हॉस्पिटलाइज्ड थी, मेरी भी तबीयत ठीक नहीं थी लेकिन जिस तरह से नर्सिंग स्टाफ दिन रात उनकी सेवा कर रहा था, मैं बहुत कृतज्ञ महसूस कर रहा था रात सोते वक्त भी कुछ दिमाग में चल रहा था मैं रात 2 बजे उठा, और नर्सिंग स्टेशन जाकर एक पेपर मांगा, कांपते हाथों से नींद में कुछ लिखा और दे आया। HOD ने डरते हुए पूछा, "कोई शिकायत है क्या, सर? मैं मुस्कुरा कर रह गया। नींद में Toes को tows लिख गया, ठीक करने के लिए जब दुबारा गया तो उन्होंने कहा, सर कोई बात नहीं, भाव जरूरी है। हमारे हॉस्पिटल के नर्सिंग ग्रुप में वो सर्कुलेट हो गया है और सब बहुत खुश हैं। किसी ने पहली बार कुछ अच्छा लिख भेजा है, शिकायत के अलावा।

मैं मौन था ।

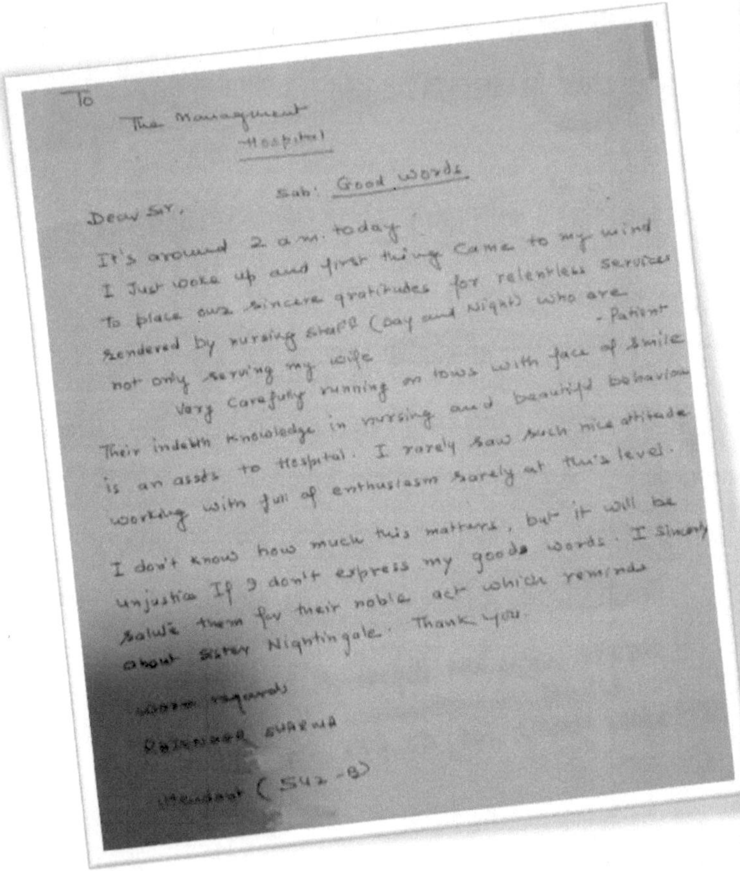

To
The Management
Hospital

Sub: Good words

Dear Sir,

It's around 2 a.m. today
I Just woke up and first thing came to my mind
to place our sincere gratitudes for relentless services
rendered by nursing staff (Day and Night) who are
not only serving my wife - Patient
Very carefully running on tows with face of smile
Their indepth knowledge in nursing and beautiful behaviour
is an assets to Hospital. I rarely saw such nice attitude
working with full of enthusiasm rarely at this level.

I don't know how much this matters, but it will be
unjustice If I don't express my goods words. I Sincerely
salute them for their noble act which reminds
about sister Nightingale. Thank you.

Warm regards
[illegible] SHARMA
Attendant (542-B)

माँ की बातें

दोस्त ने प्रश्न किया, उम्र की कोई भी अवस्था हो,जब चोट लगती है या हम दुखी होते है तो माँ की ही क्यूँ याद आती है?

प्रश्न सरल था पर गूढ़ भी !

बचपन के खेल याद आ गए जब सब मिलकर गुड्डा-गुड़िया का खेल खेलते थे बिना किसी लिंग भेद के। भगवान ने शायद जन्मजात स्त्रीजाति को वो प्यार व ममत्व बख्शा हैं कि 4 साल की बच्ची भी गुड़िया को अपने सीने से लगायी घूमती थी। मेरे विचार में, हर घर की बड़ी बहन कहीं न कहीं माँ के क़िरदार को चुपचाप बख़ूबी निभाया जाती है

शादी के बाद वही अपनी देहरी से बेगानी सी चल पड़ती है नए बेगाने घर में फिर से जिंदगी के अंकुर ढूंढने के लिए।

माँ बनने की कठिन प्रक्रिया को हँसते झेलती है और शायद उसी दिन से उसकी अपनी जिंदगी बच्चों के लिए हो जाती हैं।

गर्भ से बना नाता इतना मजबूत होता हैं कि बच्चा चाहे पास हो या दूर, उसके दुख का आँसू मां की आँख से ही होकर निकलता है

काजल का टीका, पवित्र धागा, नज़रबटट्ू, प्रार्थना न जाने कितने जतन करती हैं उसकी सलामती के लिए।

हर मुसीबत में ढाल की तरह खड़ी होती जमाने के सामने, अपना सर्वस्व अर्पण कर के बच्चे को लायक बनाती है पर वाह जिंदगी, घर की नाम प्लेट, और सरकारी रिकॉर्डों में अपना नाम भी न ढूंढ पाती है

बीमारी में साये की तरह साथ रहती है और बच्चे के भविष्य के लिये अपने भविष्य को भी तिलांजलि दे देती हैं। बच्चे शायद बदल जाएं, पर माँ सिर्फ उनकी माँ ही बनी रहती है।

ऐसे हज़ारों गुण हैं इस माँ शब्द में, जिन्हें बताना मुमकिन नहीं। शायद ये संबंध की निःस्वार्थ प्रगाढ़ता ही माँ को रिश्तों के सबसे ऊँचे पायदान पर आसीन करती हैं। और बेहोशी में भी दिल माँ ही माँ पुकारता हैं

जब मैंने ये विचार दोस्त से साझा किए तो वो मौन हो गया, शायद वो समझ चुका था और माँ की याद में था।

पापा

आज संडे था, पापा बालों में कलर कर रहे थे। पड़ोस वाले वर्मा अंकल जो रेलवे से रिटायर हुए थे आये और बोले अरे भाई अब तो छोडो ये सब। पापा मुस्कुरा के रह गए। अपने उन्ही चार जोड़ी कपड़ो को धो सुखा दिया था। बिल्लीवाली काली पॉलिश से पुराने जूते और बेल्ट को फिर नया कर दिया। और चल पड़े सब्ज़ी मंडी जो घर से 2 km दूर थी। आते वक्त दोनों

हाथ में थैले लिए पैदल चले आ रहे थे। फिर वर्मा अंकल मिले और बोले, इतनी कंजूसी भी क्या, रिक्शा कर लेते। पापा मुस्कुराते बोले, पैदल चलना सेहत के लिए अच्छा है।

तभी आइस क्रीम वाला आया और मेरे जिद करने से पहले ही उन्होंने 2 रुपये की नारंगी वाली मेरे और भैया के लिए खरीद ली।

सोमवार की सुबह फिर से 70 वर्ष की उम्र में कमीज़ को पेंट में ठूसे फिर बिकने के लिए 8 बजे निकल गए पापा।

जिन्दगी भर दूसरों का सही तोल रखने वाले पापा की तारज़ू में

ख़ुद के लिए कभी कोई बाट नही बना।

आज जब वो नही है, उंनकी आपबीती भी सुनाने वाला कोई नही। मगर हर कदम पर जब गरमी पड़ती है, पापा का अद्दश्य हाथ पीछे पाती हूँ।

कमज़ोर होती हैं स्त्रियां?

कड़ाके की ठंड में, दरवाजे की हर दस्तक पर आज भी द्वार खोलती है स्त्रियां

तेज चाकू की धार से ढेरों सब्जियां

अभी भी काटती है स्त्रियाँ

पूरी जिन्दगी आग की भट्टी में जीवन को झोक,

पाउडर से सलवटें छुपाती हैं स्त्रियां

घड़ी की सुईयों सी घर और ऑफिस के बीच बदहवास सी दौड़ती हैं स्त्रियां

नौ माह के असीम दर्द को अपनी मुस्कुराहटों से छुपा जाती हैं स्त्रियां

बच्चों की सारी गलतियों को खुद ओढ़

ज़माना ए सितम सहती हैं स्त्रियां

ब्रेड की सबसे ऊपर और नीचे के पीस को

खुशी से खाती हैं स्त्रियां।

खाना अच्छा न बनने पर अपनों से

भी सुनती हैं स्त्रियां

ज्यादा अच्छा और खत्म हो जाने पर

चुप, पानी पी सो जाती हैं स्त्रियाँ

घर के हर जन की हंसती आँखों को देखकर हँस पाने की कोशिश करती स्त्रियां

अपने शरीर की अस्वस्थता में भी लाली लगा के

अपने को ठीक दिखाती हैं स्त्रियाँ

पिता के घर पति की, और पति के घर पिता की लाज बचाती स्त्रियाँ

दो दो घरों में रहने वाली जीवन भर परदेसी

बनी रहती है स्त्रियाँ

मायके,ससुराल दोनों के दरवाजे पर जीवन भर अपना वज़ूद तलाशती स्त्रियां

इन सबके बाबजूद

हम कहते हैं कि कमज़ोर होती हैं स्त्रियां?

क्षुधा

पानी सी पसीजती है

आग सी पजरती है

रोटी बन रोज़ माँ

मेरे सामने परसती है।

काँटे का नज़रिया

मुरझा के गिरती गुलाब की पंखुड़ियों से

नीचे रहता कांटा बोला

दोस्त दुःखी न हो

आने वाली फसलें बहार तक

मैं धूप ,सर्दी बारिश सब सहूँगा

मगर तेरी पौध की हिफाज़त करूँगा

अगले वर्ष जब बहार आयी

तो उन्हीं काँटों के बीच से

कलियों की तरुणाई अंगड़ाई ले रही थी

हरे रंगों में गुलाबी कलियाँ फूटने लगी

और एक दिन सूरज की नई किरण के साथ

फिर नया गुलाब खिल उठा

जैसे ही एक हाथ तोड़ने आगे बढ़ा

तेज कांटा चुभ गाया

गुलाब बोला, मेरे भाई

मेरा जीवन तो क्षणिक है।

मगर तू मेरा सच्चा साथी है

तेरे ही तप और लहू से

मेरा रंग लाल है

कांटा मुस्कुरा रहा था

क्योंकि काँटों पर कभी पतझड़ नही आती

इसलिए कभी गुलाब से साथ कांटा चुभ जाए

तो समझना वो अपनी दोस्ती निभा रहा था।

मजबूत कंधा।

आज घर का कुछ सामान मँगाया, जनरल स्टोर्स वाले ने एक लड़के के हाथ सामान भेजा। 16-17 साल का बच्चा काँधे पे बड़ा थैला लादे डोर बेल बजा रहा था। मैंने दरवाजा खोला तो बड़ी बड़ी आंखों वाला एक सुंदर सा किशोर सामने था। मैने बोला पानी पियोगे तो बोला नही अंकल। शायद मशीन लाना भूल गया था सो दौड़कर दुबारा ले आया। उसने सामान चेक कराया। जाते वक्त मैंने चुपचाप कुछ पैसे उसकी जेब में रख दिये। पूछा, नए लगते हो। हाँ अंकल। लखनऊ से आया हूँ वहाँ से दसवीं पास की। लेकिन गाँव में माँ की हालत ठीक नही थी उसे कैंसर हो गया था। अपनी सारी पूँजी 15 लाख लगाने के बाद भी हम उसे बचा न सके। मैं घर में सब से बड़ा था सो काम की तलाश में रिश्ते के भाई के साथ मुंबई आ गया। कुछ और पूछने की मेरी हिम्मत नहीं हुई। बस प्यार से उसका कंधा थपथपा पाया और बोला बेटा हो सके तो अपनी पढ़ाई जारी रखना। शायद एक कहानी फिर दुहरा रही थी।

नियति ने असमय ही इन कंधों को कितना मज़बूत बना दिया था।

हौसला

अर्जुन सा जीवन नही पाया मगर

एकलव्य बनने से किसने रोका है

उठा गाण्डीव, प्रत्यंचा चढ़ा

तेरे हौंसलों से, आसमाँ भी झुका है।

लाल डोरें

मुझसे मत पूछ,

मेरी आँखों के लाल

डोरों का सबब

ये मय की रंगत नही

ना ही मस्ती की झकोरे हैं

गांव में रहते है मेरे कुछ अपने

उनके सपनो के लिए

रातों में भी जगाए सवेरे हैं।

माँ की रोटी

आज माँ ने फिर रोटी बनायी

एक एक कर कटोरदान में तह लगाई

अरे जरा शर्ट देना, आवाज़ सुन भागी

वापिसी में तवे पर रोटी जलती पायी

उस तह के नीचे भी एक मंज़िल हैं

जहाँ माँ की रोटियों चुपचाप छुपती हैं

इसलिए रोज़ कोने में बैठ खपाती है

उदर में उजले आटे की काली रोटी

आज माँ ने फिर रोटी बनायी।

लाड़ली

बहुत खुश रहती थी, वो,बहुत मुस्कुराती थी

जब वो अपने घर की परी थी

माँगने से पहले ही सब सामान मिलते थे

कहने से पहले ही सब काम होते थे

अपने घर की वो लाडली थी

सब कुछ सीखा उसने,सब काम जानती थी

सबके आराम का भी वो ध्यान रखती थी

पढ़ने में भी न कोई कमी छोड़ी थी

समय गुजरा और उसके लिए राजकुमार तलाशा गया
बड़ी शान से उसका विवाह किया गया
वो अब दूसरे घर की बहू थी

न खुल के हँस सकती थी,न खुल के रो सकती थी
दिल की बात दिल में ही रखती थी
अब वो बड़ी मुरझाई हुई लगती थी

वो अक्सर सोचती थी ये घर मायके जैसा क्यों नही है
यहाँ कोई मेरी खुशी पूछता क्यों नहीं है
यहाँ सब हर बात पर टोकते क्यों हैं
मुझे मेरे मन की करने से रोकते क्यों हैं
क्यों शादी करना ज़रूरी है
क्या शादी भी मजबूरी है

बेटियाँ बड़े नसीब वाली होती हैं
ये दोनों घरों को आबाद करती हैं
बेटी अपनी हो या पराई, खुश रखिये
ज़िन्दगी संवर जाएगी,नहीं तो पीढ़ियाँ बिगड़ जायेंगी।

हिंदी

माथे की बिंदी सी
मैया की ओढ़नी सी
चाय की चुस्की सी
फूलों की गंध सी
धूप में छाया सी
धान कूटती ओखल सी
नदी के बहाव सी
मेहंदी की रचाई सी

वजूद की तलाश में
मिलती है कम
मगर है....अवश्य है
क्योंकि आत्मा
दृश्य नही होती

शिक्षक कौन

शिक्षक, सिर्फ विद्यालय में पढ़ाने वाले गुणीजन नही, बल्कि हर वो व्यक्तित्व है जिसने हमारा मार्गदर्शन किया, सिखाया।

आज का दिन है उन सबके प्रति मनमुक्त कृतज्ञता व्यक्त करने का, झुकने का, फिर से विद्यार्थी बनने का क्योंकि उसी के मन मे हज़ार सपने देखनें और पूरा करने का जज़्बा होता है।

'न हँस के सीखा
न रो के सीखा
जो भी सीखा
किसी का होके सीखा'

वशिष्ठ, संदीपन और चाणक्य, अब्दुल कलाम जैसे शिक्षक न होते, तो शायद भारतीय सभ्यता अनूठी न होती।

उम्र

माँ, तू कभी दूर नही
पिता आँख, तू नमी,
रोम रोम तेरा श्वास भरा
वो आकाश, तू मेरी जमीं

27 वर्ष तेरी गोद में गुजरें
28 वर्ष बिछोह में।
सब कुछ हैं माँ फिर भी,
जिंदगी जिंदा सी नहीं

बुआ क्यों आती है

भाई दूज का दिन था घर में बहुत चहल पहल थी खूब पकवान बन रहे थे। नन्ही मिनी ने अपने भैया को राखी बांधी। पूरा घर आनंदित था। पर पापा की निगाह दरवाजे पर ही थी। शाम के 6 बज गए। अचानक मिनी पापा से लिपट कर बोली, आपने तो सुबह से कुछ खाया नहीं। पापा बोले थोड़ी देर और सही। पापा अपनी बहन ऊषा बुआ का इंतजार कर रहे थे। मध्यप्रदेश के छतरपुर गांव में ब्याही बुआ उम्र के साठ पार करने पर भी भाईदूज पर टीका करने जरूर आती थी। उसको तो आने में भी एक दिन लगता था और वापिस जाने में भी।

अचानक घंटी बजी, अपना एक थैला लटकाए, बुआ दरवाजे पर खड़ी थी। पापा की तो जान में जान आ गई। बुआ बोली आज ट्रेन लेट हो गई भैया, सूरज छिप रहे है टीका करा लो। झोले में से एक अखबार की पुड़िया में रोली चावल निकालें, और भाई के भाल पर टीका किया। गांव से थोड़ा ताजा गुड़ लाई थी, थोड़ा बथुआ का साग और सत्तु। पापा ने प्रेम से गुड़ खाया

दोनों सिर्फ एक दूसरे को निहार रहे थे।

कृशकाय बुआ इतना सामान ले कर,इतना लंबा सफर तय करके कैसे आ पाती हैं, मिनी ने मां से पूछा । मां बोली, बेटा वो इस आंगन का पहला फूल है वो इस बगिया को हमेशा हरा भरा देखना चाहती है। पापा चुप थे,

तभी पंखे की हवा से पापा की डायरी से एक कागज़ उड़ा मिनी ने पढ़ा तो लिखा था।

माँ बाप तो नही,
पर, उनकी छवि लगती है तू
दूर ....है बहुत मगर
दिल में बसती है तू

मेरी कामगार कलाई में
सूती धागे की
राखी के मंगल रूप में
पूरे साल सजती है तू

माँ, बाप भाई सब को छोड़
दूर जाने वाली मेहमान
तेरे बचपन के आंगन का
सिर्फ एक रखवाला हूँ ओ अनजान

तेरे होने के एहसास से ही
खुश खुश सा रहता हैं ये मन
मेरे जीवन की सबसे अच्छी दोस्त

मेरी प्यारी, लाडली बहन

मां चुप पर्दे के पीछे खड़ी, अपने आंसू संभाल रही थी इस वर्ष वो अपने मायके नहीं जा पाई थी और अपने भाई की याद में उसकी भी आंख भर आई थी ।

कोरोना

कल, मन ने कहा
झटके से उड़ जाऊ
जा, सबकों गले लगा,
मैं भी पॉजिटिव हो जाऊं

पानी पूरी

बहुत दिनों से सोसाइटी के बच्चे पीछे पड़े थे, पानी पूरी पार्टी के लिए। सो आज जुगत लगा दी।

पुचका, पानी पूरी, गोलगप्पा, बताशा कितने मधुर नाम है इस करिश्माई डिश के, अच्छा अच्छा इसको देखकर, अनदेखी नहीं कर सकता। जिसनें गोलगप्पा खाकर, दुबारा पानी के लिए दोना नही बढ़ाया, उसकी सीख अभी बाकी है।

500 पुचका और दो किलों पापड़ी, एक घण्टे मे आ जायेगी। ताज़ा।

आइटम्स

सलाद

पानी पूरी

सेब पूरी

चटनी आलूँ

तीखा खट्टा पानी

खट्टा मीठा पानी

पुदीना दही चटनी

धनिया पुदिना चटनी

मीठी सौंठ (इमली वाली)

भोग लगाइए और आशीर्वाद दीजिये की चाँदनी चौक का नाम, न डूबे, मुंबई की बारिश में

तैरेंगे साथ साथ

मेरे अपनों, जिंदगी बहती चली जाती है और हमें भी इसके साथ बहना पड़ेगा। तो क्यूँ न हम थोड़ा तैरना सीख ले, तब हम लहरों के साथ तो चलेंगे पर मस्ती में। माँ सरस्वती का वरद हस्त साथ है कल के कार्यक्रम से सीखा कि व्यक्ति सिर्फ अपने हुनर की वज़ह से ही नहीं, बल्कि अपनी इंसानियत की वज़ह से पहचाना जाता हैं।इसे गाँठ बांध लो। हर कलाकार महान हैं और सिर्फ अभ्यास की गूढ़ता ही उसे ऊँचा उठाती हैं

बाबूजी

धुन के पक्के, दिखते थे कठोर
गाँव से शहर को निकले
सजाएं सपनो की डोर
कितनी सर्द रातें, कितने तपते दिन
पसीनों से निचोड़ रूमालों को,
रोज चल पड़ते थे रात हो या दिन
बेबसी,लाचारी, मजबूरी को
कभी झलकने ना दिया
भूखें से ख़ुद तड़पे मगर
औरों का पेट भरते बाबूजी
तमाम मुसीबतों के सामने खड़े हों जाते थे सीना तान
धूप सारी स्वयं सह गए, सिर्फ छाया देते रहे बाबूजी
कितनी ट्रेनों को उनके मुक़ाम तक पहुंचा पहुंचा
खुद स्टेशन की तरह अडिग बने रहे बाबूजी
हर कठोरता के भीतर विनम्र सरल धारा बहती है
एक गंगा से कितनी गंग धाराएं, बहा गए बाबूजी।
मेरा मान, मां का अभिमान
हमेशा बनें रहे बाबू जी

सभी पिताओं को समर्पित क्योंकि हर घर की छत एक सी ही होती है, ख़ुद तपती है मगर नीचे सिर्फ ठंडक देती है।

गाँठ

बात, 1982 की है। कनॉट प्लेस, नई दिल्ली में, रीगल सिनेमा के पास खादी ग्रामोद्योग भवन का बड़ा सा शो रूम है। एक दिन अपने' भारतीय साथी संग़ठन के प्रमुख "सतीश भाई" जी के साथ कुछ खादी की ख़रीदारी करने गया।

जब कर्मचारी मुझे कपड़ा दिखा रहे थे, तो एक कुर्ता मुझे पसंद आया, मगर उसकी जेब के ऊपर छोटी से गाँठ नज़र आ रही थी। मैंने बोला, भाई दूसरा दिखाओं।

जब ख़रीदारी कर ली, बाहर निकलकर सतीश भाई ने मुझे एक बात समझाई। बोले , राजेन्द्र भाई ऐसा भी तो हो सकता है कि जब चरखे पर लंबे समय से बैठी कोई बूढ़ी मां की तकली पर चढ़ा सूत, कातते वक़्त, थकान की जम्भाई या किसी और वजह से बीच में टूट गया हो और उसे गाँठ लगानी पड़ गयी हो। पूरा धागा ख़राब हो जाएगा। और पैसे के साथ उसकी पूरी मेहनत। अगर इस गाँठ लगी पोशाक को कोई नही खरीदेगा, तो उसका चूल्हा कैसे जलेगा।

मैं चुप था दृष्टिकोण बदल चुका था। आज जब भी मैं सब्ज़ी या किसी अन्य चीज़ की खरीदारी करने जाता हूँ, तो सामान के साथ साथ, चेहरे की झुर्रियों पर भी नज़र रखता हूं। आश्चर्य की बात, सभी सौदों में, कभी लुटा नही, अगर दो पैसे ज्यादा लगे, तो उससे कीमती दुआएं साथ ले के लौटा। मेरे ख़्याल से भगवान निश्चित ही ये भोग ग्रहण करते हैं।

कैसे?

भगवान को भोग लगाना है यह सद विचार सिर्फ मनुष्य जाति में है बाक़ी जीवित प्राणियों में नहीं!

हमारे शरीर में परमात्मा का ही एक अंश निवास करता है जिसे हम आत्मा या अशरीरी कहते हैं

यह अशरीरी ही प्रेरित करती है कि किसी भी वस्तु के उपभोग से पहले उसके प्रणेता/स्त्रोत को समर्पण/धन्यवाद दिया जाए

क्योंकि ये सब इतनी सूक्ष्म प्रक्रिया है जो दिखाई नही देती जैसे हवा/ या मोबाइल का नेटवर्क जो हज़ारों तरंगों से संपर्क स्थापित करता है पर दिखता नही।

हमारा इतना सामर्थ्य नही की परमात्मा को कुछ भी देने की सोच भी सके यहाँ बात सिर्फ भाव की है और हम कृतज्ञता पूर्वक उस मालिक को धन्यवाद देकर उसे भोग लगाते है और उसी के दिये हुए शरीर को प्रसाद रूप में वह सामग्री खिलाते है तो वस्तुतः वह भोग सूक्ष्म भगवान ही खाते हैं

इसलिए कोशिश होनी चाहिए कि इस मुख में सिर्फ वही चीज़ जाए जो भगवान के भोग योग्य हो

तुम

हो, तुम दोनों फूल सी
पर विपरीतता में
तुरंत दुर्गा भी बन जाती हो
ओढ़े अनगिनत दुःखों की चादर
परन्तु, नित नए गीत सजाती हो
आपसे से ही हमारा जीवन रंगीन हैं
वरना ये चलती साँसे, दमहीन हैं
विश्व महिला दिवस की शुभकामनाएं।

फिर से...

चलों, आज माँ से कुछ खेल खेलें
चलों, आज अपने को लोरी सुनवाये।
सिर उसके थोड़ा तेल लगा दें,
उसके बालों की कंघी कर दें
तमाम उलझनों से बची कुछ जुल्फों का
एक जूड़ा सा गूंथे, एक चोटी बना दे,

उसकी शादी की पुरानी ओढ़नी,
जो संजो रखी हैं उसने बरसों से
पुरानें संदूक से, उसे बाहर निकालें,

और उसकों फिर से पहना दे।

उसके माथे की गहरी सलवटों में
जहाँ अपना पूरा जीवन छिपा हैं
एक बच्चे का सा चुम्बन दे,
प्यार का हाथ फेरे,उसे सहलाये

सालों पुरानी काली सफेद तस्वीरों को
खींच निकाल धरती पर फैला दे
सदियों पुरानी पड़ी धूल हटाके
अपने बीतें बचपन को फिर गुनगुनाएं

उसके काँपते हाथों को ले हाथों में अपने
अपने नज़दीक होने का एहसास करा दें
फिर से गोद में लेट जाएं बच्चा बन,
उसकों माँ होने का, दुबारा आभास कराएं

चलो, आज माँ से कुछ खेल खेले।

भिखारी

किसी ने कहा,

कलाकार भिखारी होते है

मेरा दिल मुझसे बोला

हाँ, भिखारी ही कलाकार हो सकता हैं

क्योंकि उसने रोटी की जगह अपने हुनर को तराशा

फाके और उपवास किये ,पर नही की अपनी साधना से नागा,

दुनिया के गमों पर मुस्कुरा के चादर चढ़ाता रहा

दुआओं के हाथ फैले भी, तो खैर दूसरों की ही मांगता रहा।

मेरे मंदिर, मस्जिद गिरजे ,गुरुद्वारे, आबाद हैं इसी कौम से।

वर्ना कौन सुबह की अजान पढ़ता और कौन मंदिर में दीया जलाता।

मज़दूर दिवस

मेहनत अपना दीन धरम है

मेहनत है ईमान

मेहनत अल्लाह, मेहनत वाहे गुरु,

मेहनत है भगवान,

कराग्रे वस्ते लक्ष्मी, कर मध्ये सरस्वती

कर मूले तू गोबिन्द, प्रभाते कर दर्शनम

ये हाथ फैले तो ,सिर्फ परमात्मा के आगे

आओ इनकी ताक़त को पहचानें।

मज़दूर दिवस पर सभी मेहनतकशों को बधाई

मेरे राम

आज राम नवमी है।

करोड़ो लोग देश विदेशों में एक व्यक्तित्व का लाख़ों साल बाद भी जन्मदिन मना रहे है जिन्हें हम राम के नाम से जानते हैं।

क्यों....?

क्या वो एक अवतार थे या एक प्रसिद्ध राज खानदान से थे इसलिए?

मेरे विचार में शायद ऐसा कदापि नहीं।

राम का जीवन एक दर्शन है और कवियों द्वारा व्याख्या किये हुए उनके अनंत गुण, जो आज भी नभमंडल में सूर्य के समान चमकते हैं।

शायद ही डिक्शनरी में कोई ऐसा गुण बचा होगा, जो राम में समाहित ना हों।

जिस छण विनम्रता से गुरुओं के साथ चलते है उसी समय बालपन में ही आसुरी शक्तियों का भी संहार करते हैं।

पितृ सेवा की वजह से दशरथ जी के लाड़ले हैं

माता कौशल्या से पहले हमेशा माँ कैकेयी के चरण छूते हैं।

गुरु की आज्ञा से स्वयंवर में शिवधनुष तोड़कर भी श्रेय गुरुदेव के आशीर्वाद को ही देते हैं।

राजा बनने वाली रात में वन गमन को सहर्ष स्वीकार कर छण में सब छोड़ गेरुआ वस्त्र धारण कर लेते है, बिना किसी दुराव के।

अहिल्या, शबरी, केवट, संपाति जैसे न जाने कितने परित्यक्तो को अपने गले लगाते हैं।

वानर, भालूओं को संगठित करके राक्षसों की विशाल सेना पर विजय पाते हैं और जब रावण मृत्युशैय्या पर पड़ा होता है तो लक्ष्मण को उससे ज्ञान का उपदेश लेने को बुलाते है।

सीता, जिसके लिए वो वन वन फिरे, रोएं, उनके मिलने पर कठोर धर्म निभाते है।

राम, जिनका नाम तारता है, कोई ऐसा दुःख नहीं, जिससे न वो गुज़रे हो। पर हर बार खड़े हुए मजबूती के साथ।

राम एक विचार हैं, राम एक मजबूती हैं, राम एक आशा हैं। इससे पहले जब चार कंधे हमारे कान में "राम नाम सत हैं" बोलते जाएँ, हम जीते जी उनकों जियें। यहीं राम नवमी कहती है।

वेटर

कल होटल में डिनर के बुफे में काफी भीड़ थी। बहुत सारे वेटर सर्विस में लगें हुए थे जिसमें काफी पुराना स्टाफ भी था। बरबस,मेरी नज़र एक किशोर पर पड़ी जो 17-18 का होगा।जिसने शायद अभी जॉइन किया था। निरीह सा।

अभी उसके हाथों और पैरों में बहुत झिझक थी। पर वो अपने सीनियर्स को बारीकी से देख रहा था और सिर्फ पानी भर रहा था।

आज दूसरे दिन मैंने रूम में ही कुछ ऑर्डर किया और वही बच्चा सर्विस के लिए आया।

कौतुहलवश पूछा, बेटा कहाँ से हो तो बोला कि मैं नेपाल से हूँ, वहाँ काम नही मिला इसलिए मुम्बई आना पड़ा। उसके चेहरे के भाव में एक पिंजरे के पंछी की तड़पन थी जो कम रोशनी में भी छुप नही पाई। मैं निरुत्तर था।

न जाने कितनी तरुणाई इस तरह शहर आकर गुम हो जाती हैं।

टुम्पा

दिल्ली से कोलकाता ट्रांसफर के बाद, एक मेड की जरूरत आन पड़ी, जो सुबह शाम के खानाबनाने में मदद कर सके। शुरुआती अनुभव अच्छा नही रहा जब 15-20 की छुट्टी एक साथ कर जाती थी पुरानी मेड।

फिर एक दिन आना हुआ टुम्पा का

शायद, मेरे कोलकाता प्रवास के सुखद अनुभवों के पीछे बहुत बड़ा योगदान था टुम्पा का।

उसने घर कब संभाल लिया, पता ही नही लगा

उसके सुबह की घंटी से मेरा दिन शुरू होता था और रात के खाने से विश्राम, लगभग 18 महीने में उसने 18 छुट्टी भी नही ली होंगी।

बंगाल की रसोई कुछ अलग सी बनती है

पूर्णतया शाकाहारी होने की वजह से मुझे उसे कुछ तरीके सिखाने पड़े जिन्हें वो भली भांति सीख गई। मैंने कभी कोई विशेष फ़रमाइश नहीं की किन्तु उसने भी भली प्रकार से रसोई संभाली। रुपया,पैसा सामान, सब खुला रहता था, चाभी उसी के पास होती थी पर मज़ाल हैं कभी उसने कभी अपने आप कोई चीज़ ली हो।

मेरी पत्नी के साथ वो इतना घुल मिल गई थी कि उसको पता नही, क्या क्या दिखा लायी उसकी कलकत्ता यात्रा के दौरान।

गोपाल(टुम्पा का पति) , जो एक निहायत ही शरीफ शख्शियत हैं,ने जब नौकरी छोड़ के e रिक्शा खरीदी तो मुझे बहुत खुशी हुई

मैंने बोला था टुम्पा, एक दिन तेरे घर जरूर आऊंगा और पिछली जन्माष्टमी को उसने मूझे अपने घर बुलाया जहां उसके माँ, उसका पति गोपाल, बच्चा और रिश्तेदार पहले से ही थे 10x10 का कमरा पूरे घर को समाये था, उसने मेरे हाथों ठाकुर का भोग लगवाया, पूजा की, मैंने हारमोनियम पर भजन गाये और प्रशाद पाया।
सब बहुत खुश थे और मैं ठाकुर का बार बार धन्यवाद कर रहा था।

जब भी मैं रियाज़ कर रहा होता था तो उसे अच्छी तरह मालूम था कि चाय कब देनी हैं।
टुम्पा, मेरा ट्रांसफर हो रहा है, कुछ दिन पहले मैंने उससे कहा तो वो बोली, भैया अच्छा ही होगा, चिंता न करो
आज जब मैंने सामान पैक किया और गाड़ी में लोड करवाया तो वहाँ कई लोग थे, तब मैं मकान मालकिन से बोला कि ये वो शख्स हैं जिसने एक मां और बहन के रूप में मेरी कितनी सेवा की।
टुम्पा की आँखें नम थी और मेरा भी कुछ ऐसा हाल था उसके सर पर हाथ रखा, धन्यवाद दिया औऱ चल पड़ा फिर एक अजनबी शहर की ओर।जिंदगी ने कोलकता में शायद एक अपना से कोई दे दिया था।

सूती धोती

दीवाली की तैयारी चल रही थी, रंगरोगन करने वाला बोला, बाबूजी, बाकी सामान के साथ 5 सूती धोती भी ले आना। 100 रुपए में आ जायेगी। असली सफ़ाई सूती कपड़े से ही हो पाती है।

शायद वो सच कह रहा था, जीवन चक्र फिर पीछे घूम चला।

माँ की सूती धोती याद आ गयी।

जिसके एक छोर जिसमे सिक्कें और रुपये बंधे होते थे जो कभी हमारी तिज़ोरी होती थी।

तौलिया नही मिला तो उसका भी काम दे देती थी। बहती नाक के समय टिश्यू पेपर बन जाती थी, धूप में तिरपाल और बारिश में छाता बन जाती थी, एक बार तो चोट लगने पर पट्टी में भी तब्दील हो गयी थी, गाँव जाते तो मच्छरदानी और कभी सफाई का डस्टर, पर रहती हमेशा आस पास थी, सूत का स्वभाव ही है प्रतिकूलता में भी अनुकूलता का अनुभव देना। माँ की छाया की तरह।

जिस मां ने मेरे छठी के कपड़ो को भी आजीवन संभाल के रखा, उसकी एक पहचान, सूती धोती भी आज मेरे पास नहीं।

नम आँखों से,भाई, जरूर ले आऊंगा,कहता हुआ मैं तेज़ी से निकल गया।

परदेस

कौन तेरी खुशबू से दूर जाना चाहता है मेरे वतन की माटी
कुछ तक़दीर की लिखावट ही टेढ़ी मेढ़ी लिखा लाये है
नहीं झुकने की जिद भी तो, सिखायी थी तूने ही,
सो हम भी बहते पानी से, बहते चले आयें हैं
यूं तो पूरा दिन ही तमाम हो जाता है अजनबी शहर की जद्दोजहद में,
पर रातो के सपनों में फिर भी, तेरी यादों के ही साये हैं
तेरी तरह न जाने कितने काबुलीवाले जीते हैं परदेस में ए राज,
भरोसा उस मालिक पे रख जिसने हम सबके ये नसीब बनाये है
अगर हर दिन के बाद रात का आना यक़ीनन है
तो वो सुबहा भी आएगी, फ़क़त कुछ लम्हे ही बाकी हैं।
चलो फिर आज दीये की लौ को ऊँची करे, तब चले,
बेशक मंज़िल है बहुत दूर, पर हौंसले भी पुरज़ोर बाक़ी हैं।

वज़न तौलने की मशीन

कल आफ़िस से जब देर शाम निकला तो हवा अच्छी चल रही थी, मार्किट से कुछ ख़रीदारी भी करनी थी, अभी-अभी सरकार ने मार्किट खुलने का समय बढ़ाया है तो सोचा, पैदल ही चलूँ। बाज़ार की रौनक लौट रही थी। पटरी पर बच्चे, महिलाएं पुरुष अपनी छोटी छोटी चादर फैलाये सामान बेच रहे थे। अनायास ही एक weighing मशीन पर निगाह पड़ी और उसके पीछे बैठी एक अधेड़ संभ्रांत सी महिला थी ।

Weighing मशीन के मीटर पर एक छोटी सी बैटरी-ऑपरेटेड लाइट थी। जिससे रात में वजन सही नज़र आये। मैंने उससे पूछा, वजन के कितने पैसे तो उसने जवाब दिया, साहिब 5 रुपये। मैं रुका, उसने कहा जूता, चप्पल उतारने से सही वज़न आएगा। जूता उतार के जब मैंने वज़न किया, तो मन मुताबिक पाया। मैंने फिर भी उससे पूछा कि देखो, कितना है, तो उसने कहा, साहिब, आप ही देख लीजिए, मुझे नज़र नहीं आता। उसके बराबर में रखी वाकिंग स्टिक से मुझे सारा नज़ारा समझ आ गया। साथ में कुछ पैन और dustbin की थैली भी रखी थी बेचने के लिए। मैंने चुपचाप उसके हाथ एक नोट रखा, छुट्टे लेने की हिम्मत नहीं हुई। मन ही मन उसकी खुद्दारी को नमन किया। उसके चेहरे पर मुस्कान थी। शायद Weighing Machine भी उसके व्यक्तित्व के वजन करने में असमर्थ थी। कोरोना काल ने न जाने कितनी मुसीबतों से लोगो को गुज़ार दिया लेकिन उन्होंने भी जीवटता को नहीं छोड़ा।

उम्मीद

उम्मीद अर्थात जीवन और कोशिश अर्थात उस जीवन को जीने का प्रयास। जिंदा होने का प्रमाण ही उम्मीदों भरी जीवंत कोशिश है। आनंद फिल्म में राजेश खन्ना साहिब, अमिताभ जी से कहते है
"*बाबुमोशाय जिंदगी बड़ी होनी चाहिए लंबी नहीं. जब तक जिंदा हूं तब तक मरा नहीं, जब मर गया साला मैं ही नहीं. हम आने वाले गम को खींचतान कर आज की खुशी पे ले आते हैं*"।

वो गोल्डन आवर

बहुत अच्छी तरह याद है जब पहली बारिश होती थी तो मां विशेष रूप से कहती थी जाओ और बारिश में नहाओं, सारा घाम, गर्मी निकल जाएगी। सीमेंट की छत को झाड़ू से अच्छी तरह साफ कर फिर बारिश में छाती के बल तैरते थे जैसे यमुना में नहा रहे हो..आज दो बूंदों से भी हम परहेज़ करते है।

रात को कई बार एक दो घंटे के लिए लाईट चली जाती थी वो हम सबका गोल्डन आवर होता था। छुपम छुपाई, अंताक्षरी, रूमाल के खेल, ऊंच नीच का पापड़ा कितने ही खेल पूरे पड़ोस के बच्चे खेलते थे बिना लिंग भेद के, बिना उम्र भेद के ...आज पांच साल के बच्चे का घर से भी निकलना कितना दूभर है और हम कहते है कि तरक्की हो रही है।

डोर

मुझे इतनी ऊंचाई मत देना मेरे प्रभु,
जो तेरे चरणों में झुक न सकूँ
ख़ुशियों की इतनी बरसात भी न आयें
जो तेरा स्मरण भी कर न सकूं
जिंदगी रोज़ ही जीता हूँ ज़माने के साथ साथ
पर इक इक साँस की डोरी हैं सिर्फ तेरे ही हाथ
मेरी जीवन पतंग का सहारा सिर्फ तुम ही हो
गर ये पतंग कही बहके तो डोर खींच लेना प्रभु
मुझे इतनी ऊंचाई मत देना प्रभु

दो मीठे बोल

गर्मी ज्यादा थी, इसलिए दिन में मेट्रो से गया था। आगे सीढ़ियों पर एक बुजुर्ग चढ़ रहे थे। Well dressed up. Blue colour की jeans, टी-शर्ट, स्मार्ट चश्मा, बढ़िया लैपटॉप बैग, केमल colour के leather shoes और मोबाइल।

मुझे देखकर बहुत अच्छा लगा। सिर्फ belt black पहनी थी। मैं कुछ कहना चाहता था, लेकिन वो आगे थे, इसलिए बोल नहीं पाया।

खैर, मेट्रो में चढ़े। खाली थी। वो शायद किसी दूसरी सीट पर थे। अचानक मेरे बगल वाली सीट पर आ बैठे।

मुझे हँसी आई। मैंने अपने दिल की बात कही, तो बहुत खुश हुए। कहने लगे, "आज थोड़ी जल्दबाज़ी थी, इसलिए belt match नहीं कर पाया। मुझे आज कहीं karaoke गाने जाना है। आपकी observation एकदम सही है।"

उनकी बोलचाल से मैंने उनको बोला, "आप पुरानी दिल्ली के हो।"

चौंक गए और बोले, "आपको कैसे मालूम?"

मैंने हँसते हुए कहा, "कुछ अदा और कुछ शब्द दिल्ली की चाहरदीवारी में ही मिलते हैं।"

"जानते हैं, आप मेरे पास आकर क्यों बैठे? क्योंकि ऊपरवाला चाहता था कि दो संगीत के पँछी एक ही डाल पर बैठें।"

तारीफ़ कीजिए, और दिल खोलकर कीजिए। ये दो मीठे बोल किसी को ज़िंदगी दे जाते हैं।

राजा की पैंट, इंस्पेक्टर की चप्पल

माउंट आबू में एक प्रसिद्ध झील है नक्खी झील, उसी के किनारे कुछ फोटो स्टूडियो है हर एक फोटो के 50 रूपए लेते थे साथ में ड्रेस भी देते थे। हम 10 साथी 1990 में राजस्थान घूमने गए थे सबने एक एक ड्रेस लेकर फोटो खिंचवाए। मेरे पास कैमरा होता था Yashika MF2 Super। मुझे एक विचार सूझा, 5 मिनट् बाद ही हम सब आपस में ड्रेस बदलकर मेरे कैमरे से फ़ोटो खिंचवा रहे थे। आधे घंटे बाद स्टूडियों वाले को पता लगा, की माजरा क्या है उसने आनन फानन में सबसे ड्रेस उतरवाई। मगर तब तक अपना काम हो चुका था। बाद में जब रील धुलवाई, तो हंसते हंसते लोटपोट हो गए, राजा के ड्रेस के नीचे पुलिस की पेंट, किसी के लहंगे के ऊपर राजस्थानी पगड़ी वाला राजपूत, कोई इंस्पेक्टर चप्पल में...आज जब 36 साल बाद इन चित्रों को देखते है तो आनंद से भर उठते है।

मेरा व्यक्तिगत अनुभव है डिजिटली हजारों खींचे गए फोटो, computer या कार्ड की वजह से उड़ गए मगर छपा हुआ एक-एक फोटो नायाब मोती सा अभी भी सलामत है 70 -80 साल बाद भी ।

चुपचाप प्रवासी

अंग्रेजी में एक शब्द है 'Diaspora' जिसका हिंदी में एक अर्थ है प्रवासी। प्रवासी उन लोगों के समूह के लिए इस्तेमाल किया जाता है जो मूल रूप से अपने देश (मातृभूमि) के रहने वाले होते हैं, लेकिन किसी कारणवश (जैसे रोजगार, व्यापार, या पलायन) विदेशों में बस जाते हैं या दूसरे शब्दों में कहें जिनका जिस्म विदेश में है मगर दिल अपने मूल देश में ही रहता है उनका सांस्कृतिक और भावनात्मक जुड़ाव अद्वितीय है। जब कोई अपने देश से आता है तो वे अपने पलक पांवड़े बिछा देते है। और जब देश का प्रधान स्वयं उनके बीच पहुंचता है तो वो स्फूर्ति और ऊर्जा बयां नहीं हो सकती।

फिल्म काबुली वाला में एक प्रसिद्ध गाना है, ए मेरे प्यारे वतन ए मेरे बिछड़े चमन, तुझपे दिल कुर्बान। प्रेम धवन साहिब के बोल, सलील दा का संगीत और मन्ना दा के स्वर ने इसे अमर रचना बना दिया। उसी में एक अंतरा आता है

" तेरे दामन से जो आए, उन हवाओं को सलाम
चूम लूं मैं उस जुबां को, जिसपे आए तेरा नाम"

कभी परदेसी बनेंगे तब यह भाव स्पष्ट झलकेगा। एक ताज्जुब की बात, ऐसे ही एक परदेसी हर घर में रहती है, चुपचाप...तभी कहते है कि मायके के नाम से ही वो विभोर हो उठती है।

बैक गियर

कल एक e रिक्शा में जाना हूँ संभ्रांत लग रहा था, शायद मजबूरी रही होगी, यह काम करना पड़ रहेगा, कुछ परेशान था। मैंने उसको हंसाते हुए बोला क्या आपको मालूम है करोड़ों रुपए के जहाज़ में बैक गियर नहीं होता, एक गाड़ी की जरूरत पड़ती है उसे पीछे खींचने के लिए,और आपकी e रिक्शा झट से बैक हो जाती है। खिलखिलाकर हंस पड़ा तभी महमूद साहिब ने गाना गाया था मेरी रिक्शा सबसे निराली, न गोरी है ना ये काली, सब को घर तक पहुंचा देने वाली

प्रियजनों की कलम से

प्रस्तुत संदेश लेखक प्रति स्नेह, सम्मान और आत्मीयता की अभिव्यक्ति हैं। प्रकाशन तक प्राप्त होने वाले अन्य शुभकामना पूर्ण संदेशों को भी यथासंभव इस संकलन में सम्मिलित किया जाएगा।

राजेन्द्र जी के बारे में जीतना लिखूँ कम होगा,,एक ऐसी कला प्रिय हस्ती है कि उसकि सिमा नहीं सदा हंसते हुए दिखाई देते हैं,,,मैरा संगीत स्टार मेकर चेनल पर एक क्लासिकल सोंग "कुहु कुहु बोले कोयलिया" सुनते ही प्रभावित होकर किसे मेरा फ़ोन नं नीकालकर मुझे फोन किया,,,बस ये मुलाकात ने मुझे, एक कलाप्रेमी को मेरा दोस्त,,या छोटा भाई बना दीया,,,बेटी तुमने उनके लिए जो विचार आया उसमें में संमत हूं,,,,उनकी तारीफ के लिए मेरे पास शब्द नहीं है।

- रमेश भाई (गुजरात)

समय बदला, अभिव्यक्ति के माध्यम बदले। कभी आप लेखों और डायरी के पन्नों पर अपने विचार उकेरते थे, और आज वही भाव कविताओं और व्हाट्सऐप स्टेटस के माध्यम से लोगों तक पहुँचते हैं। बदलते समय के साथ चलना और शब्दों से लोगों को जोड़ना, यही आपकी विशेषता रही है।

- सदाशिव शर्मा

मृदुभाषी,स्नेह-प्रेम बांटने वाले

हर एक को सम्मान देनेवाले,

आज के दौड़भाग की जिंदगी में बिरला ही व्यक्तित्व होता है। उनमें हैं राजेंद्र भैया। मुझे दीदी सा सम्मान देते हैं। कोशिश ग्रुप अपने हाथों में बडी कोमलता से सम्भाले हुए हैं। हम सब बहुत कम मिलते हैं फिर भी एक परिवार की तरह रहते हैं ,यह राजेन्द्र भैया की कोशिश है कोशिश के लिए ।भैया आपका संगीत गुनगुनाता रहे,आपकी कलम अनवरत चलती रहे। आपका स्नेह बरसता रहे। स्वस्थ रहें,खुश रहें। ईश्वर आपकी हर अभिलाषा पूर्ण करे।

- विद्याभंडारी

हुनर का आईना हैं वो,
अच्छे इंसान भी हैं।

सादगी है व्यवहार उनका,
दिल से महान भी हैं।

उनका व्यक्तित्व ऐसा है,
जो सबका मन जीत लेता है,

उनके प्रति हमारे दिल में,
प्यार है और सम्मान भी है।

- शालिनी शर्मा

जीवन के हर कठिन सफर में, जो बनकर दीपक साथ चले,
जब आशा की किरणें धुंधली थीं, तब हिम्मत के सूरज बनकर ढले।
माँ को मृत्यु के मुख से खींच, जीवन का फिर उपहार दिया,
अपने साहस, सेवा और प्रेम से, हम सबको नया संसार दिया।
अपनी पीड़ा को मन में रखकर, दूसरों का दुःख हरते हैं,
मुश्किल चाहे कितनी भी आए, हर पल हौसले भरते हैं।
जब-जब मन कमजोर हुआ, आपने विश्वास जगाया है,
अपने स्नेह और मार्गदर्शन से, हर संकट को दूर भगाया है।
ऐसे सरल, समर्पित व्यक्तित्व को, हम शत-शत नमन करते हैं,
आदरणीय राजेंद्र शर्मा जी, हम सब आपके ऋणी रहते हैं।
आपका साया यूँ ही बना रहे, जीवन में खुशियों का विस्तार रहे,

- संध्या शर्मा

कठिन समय की वो घड़ी थी,
जब डर और अँधियारा था।
कोरोना जैसी विपदा में,
हर मन कहीं हारा था।
उस मुश्किल दौर में आपने जो साथ निभाया था,
अपनेपन का नित नया अर्थ तब हमने जाना था।
जब हिम्मत टूटने लगी थी,
तब आपने हौसला बढ़ाया था।
अपने स्नेह और सहयोग से,
हर डर को दूर भगाया था।
आपका साथ सदा रहे,
दीप उजालों से भरे।
आपने उम्मीद जगाई थी,
जीवन की सुनहरी सवेरे में।
ईश्वर आपको यश, प्रसिद्धि और सुखमय जीवन प्रदान करें।

- कैलाश शर्मा

कुछ लोग इतिहास पढ़ते हैं, कुछ इतिहास रचते हैं, लेकिन कुछ लोग ऐसे होते हैं जो खामोशी से इंसानी दिलों पर अपनी अच्छाई की अमिट छाप छोड़ जाते हैं।" ऐसे ही विरले व्यक्तित्व के धनी हैं श्री राजेंद्र शर्मा जी।

उनका भ्रातृत्व भाव हमें प्रेम करना सिखाता है, उनकी मित्रता हमें वफ़ादारी सिखाती है, और समाज के प्रति उनका समर्पण हमें कर्तव्यबोध कराता है। हम ईश्वर से यही प्रार्थना करते हैं कि राजेंद्र जी दीर्घायु हों, सदैव स्वस्थ रहें और उनका यह सुरीला, प्रेरक और मार्गदर्शक साथ समाज को युगों-युगों तक सही राह दिखाता रहे। उनके जैसे महान इंसान के लिए बशीर बद्र साहब की यह पंक्तियां बिल्कुल सटीक बैठती हैं:

"तुम्हें ज़रूर कोई चाहतों से देखेगा, मगर वो आँखें हमारी कहाँ से लाएगा..."

-रवीन्द्र शर्मा

धन्यवाद

इस पुस्तक को पढ़ने के लिए धन्यवाद।

आप अपने विचार, सुझाव और प्रतिक्रिया authorrajendersharma6@gmail.com पर अवश्य साझा करें और बताएं कि आपको श्री राजेन्द्र शर्मा की रचनाओं, संस्मरणों और विचारों का यह संकलन कैसा लगा।

यह पुस्तक एक आत्मीय प्रयास के रूप में तैयार की गई है। चूँकि यह संकलन लेखक के लिए एक सरप्राइज़ उपहार के रूप में तैयार किया गया, इसलिए रचनाओं के चयन, क्रम, वर्गीकरण एवं प्रस्तुति का कार्य उपलब्ध सामग्री के आधार पर किया गया है। यदि कोई त्रुटि, चूक या कमी रह गई हो, तो उसका उत्तरदायित्व पूर्णतः संकलनकर्ता एवं संपादक का है।

आपकी प्रतिक्रियाएँ और सुझाव आगामी संस्करणों तथा भावी संकलनों को और समृद्ध बनाने में सहायक होंगे।

सप्रेम,

भारती शर्मा

(संकलन एवं संपादन)

`रचनाकार के बारे में

श्री राजेन्द्र शर्मा जीवन के एक सजग और संवेदनशील पर्यवेक्षक हैं, जिनकी रुचियाँ साहित्य, संगीत, कला, सिनेमा, अध्यात्म और मानवीय संबंधों तक विस्तृत हैं। एक साधारण परिवार में जन्मे श्री शर्मा ने अपने जीवन की यात्रा परिश्रम, जिज्ञासा और आजीवन सीखते रहने की भावना के साथ तय की। व्यवसाय से वे वित्त, लेखांकन और कराधान के क्षेत्र से जुड़े रहे, वहीं रचनात्मकता और मानवीय जुड़ाव को भी सदैव अपने जीवन का अभिन्न हिस्सा बनाए रखा।

लेखक, संगीत प्रेमी, चित्रकार, मार्गदर्शक और समुदाय-निर्माता के रूप में वे लोगों को जोड़ने में विशेष आनंद अनुभव करते हैं। कोविड काल के दौरान उन्होंने **'कोशिश'** नाम से एक छोटे से व्हाट्सएप समूह की शुरुआत की, जो आज भी देश के विभिन्न हिस्सों से जुड़े लोगों को कविता, संगीत, कला, स्मृतियों और जीवन-विमर्श के माध्यम से जोड़ रहा है।

"पापा की पोटली से" उनकी कविताओं, संस्मरणों, विचारों और जीवन-अनुभवोंवों का एक आत्मीय संकलन है। यह पुस्तक उनके व्यक्तित्व की ऊष्मा, जीवन-दृष्टि, विनोदप्रियता और मानवीय संवेदनाओं की झलक प्रस्तुत करती है। इन पृष्ठों में पाठकों को एक ऐसी दुनिया की झलक मिलेगी, जहाँ साधारण से दिखने वाले क्षण यादगार कथाओं में बदल जाते हैं।

www.ingramcontent.com/pod-product-compliance
Lightning Source LLC
LaVergne TN
LVHW090423210926
848480LV00002B/665
* 9 7 9 8 9 0 5 1 0 5 2 0 3 *